gutes leben
bene!

PETER TAUBER

Du musst kein Held sein

Spitzenpolitiker, Marathonläufer,
aber nicht unverwundbar

Soll man aufschreiben, was man erlebt hat,
wie man sich gefühlt hat, wenn man krank war?
Darüber habe ich viel nachgedacht.

Ich habe mich entschieden, es zu tun.
Was mich nicht loslässt, was mich beschäftigt,
was mir wehgetan und was mich
am Ende stärker gemacht hat.

Denn ich habe erkannt, dass sich durch die Krankheit
etwas verändert hat.
Und ich habe gemerkt, dass niemand zur Tagesordnung
übergehen sollte,
wenn er nach schwerer Krankheit wieder gesund ist.
Sonst verpasst man die Chance, sich über sich selbst
bewusst zu werden.

Vielleicht hilft mein Buch anderen,
die in eine ähnliche Krise geraten sind.
Das wünsche ich mir!

Es ist bereits deutlich nach Mitternacht. Eigentlich sollte ich längst schlafen. In weniger als vier Stunden wird der Wecker klingeln, um sechs Uhr steht ein wichtiges Interview mit dem *Morgenmagazin* an. Anschließend die Koalitionsverhandlungen mit der FDP und den Grünen, die wir in der Parteizentrale seit Tagen vorbereiten. Doch an Schlaf ist nicht zu denken. Ich liege im Bett und habe starke Schmerzen. Es fühlt sich an, als ob es mich von innen zerreißt.

»Morgen früh, direkt nach dem Interview gehst du zum Arzt«, sage ich zu mir selbst. Es wird schon nichts Schlimmes sein ... Dieser Gedanke beruhigt mich kurz.

Ich lobe mich selbst, dass ich so vernünftig bin und die Schmerzen nicht einfach ignoriere. Aber das geht auch gar nicht anders, denn sie sind heftig, und sie werden nicht weniger. Irgendwann halte ich es nicht mehr aus. Schüttelfrost und Hitzewallungen wechseln sich ab. Ohne Decke, mit Decke – egal, beides ist unerträglich. Ich bin nass geschwitzt. So schlecht habe ich mich noch nie gefühlt. Nachts um halb drei entschließe ich mich, den Notarzt zu rufen.

Es fällt schwer, mir einzugestehen, dass ich jetzt Hilfe brauche. Bin ich plötzlich ein Schwächling? Ich habe Bauchschmerzen. Das ist doch kein Grund, den Notarzt zu rufen – oder? Im Wohnungsflur stehend, halte ich mein Mobiltelefon in der Hand und zögere doch wieder. Soll ich wirklich den Notruf wählen? Ich überwinde mich regelrecht.

Am anderen Ende der Leitung meldet sich eine unbekannte Stimme und lotst mich durch die entscheidenden Fragen. Meine Antworten sind kurz und so weit wie möglich präzise. Ich bin nicht panisch. Aber es ist mir total unangenehm, jetzt zu dieser Zeit um Hilfe zu bitten.

Nachdem ich aufgelegt habe, obsiegt aber die Erleichterung: Jetzt kann nichts mehr passieren. Es wird jemand kommen.

Jede Menge Gedanken schießen mir durch den Kopf. Ich bin so froh, dass die Schmerzen kurz weg sind. Und ich erschrecke für einen Moment. War das alles nur Einbildung? Vielleicht ist ja gar nichts? Bin ich ein Simulant? Doch dann kommen die Schmerzen auch schon mit aller Macht zurück. Ich muss mich hinsetzen. Kalter Schweiß steht auf meiner Stirn. Ich habe über 40 Grad Fieber, sitze auf der Bettkante und warte.

Aber es geht ja gar nicht nur um mich! Ich habe eine Aufgabe, die muss erfüllt werden! Da ist das Fernsehinterview am nächsten Morgen. Irgendwie schaffe ich es, unseren Pressesprecher Jochen Blind kurz per SMS zu informieren, was Sache ist. Das Fernsehinterview wird ausfallen. Auch das ist mir unangenehm. Nicht nur, weil das Interview nicht stattfinden kann und damit eine Einordnung zum Stand der Koalitionsverhandlungen »fehlt«, sondern auch, weil ich nicht will, dass sich mein Mitarbeiter Sorgen macht. Und die macht er sich bestimmt. Dazu arbeiten wir zu eng und zu vertrauensvoll zusammen.

Alles, was sonst für mich zählt, kann ich nun vergessen: Aufgaben vollständig zu erfüllen, egal wie schwierig. Immer da sein, keine Schwäche zeigen und funktionieren. Das geht jetzt nicht mehr! Jetzt warte ich nur noch auf den Rettungswagen.

Die Zeit vom Anruf bis zum Eintreffen der Rettungssanitäter dauert gefühlt ewig. Bevor sie kommen, mache ich mir tatsächlich ernsthaft Sorgen, dass ich nicht Staub gesaugt habe. Den Versuch, damit die Zeit zu überbrücken, bis es klingelt, unterlasse ich aber, auch aufgrund der starken Schmerzen. Selbst wenn ich mich nicht bewege, tut es weh.
    Endlich das erlösende Klingeln an der Haustür. Das kurze Gespräch mit einem der Rettungssanitäter, der Weg zum Rettungswagen, das grelle Licht, die Fahrt durch die Nacht. Dann die Ankunft in der Notaufnahme, eine erste Untersuchung und beruhigende Worte. Ansonsten erinnere ich mich nur noch an Bruchstücke aus dieser Nacht.

Den Notarzt, der mich in Empfang nimmt, werde ich später erst nach mehreren Begegnungen wiedererkennen. Vielleicht ist meine lückenhafte Wahrnehmung durch das hohe Fieber in eine Art Nebel gehüllt? Ich werde jedenfalls lange brauchen, um mich daran zu erinnern, wie jene Nacht wirklich abgelaufen ist. Erst nach und nach wird mir bewusst werden, was eigentlich passiert ist. Bei vielen Bildern spielt mir mein

Kopf einen Streich. Es muss anders gewesen sein als in meiner Erinnerung. Doch auch wenn sich das Puzzle durch Gespräche und Berichte der Ärzte irgendwann zusammensetzen wird, ist vieles bis heute für mich unwirklich.

In der Notaufnahme bekomme ich nach der Untersuchung Medikamente, auch etwas gegen die starken Schmerzen. Die Medizin tut ihre Wirkung. Und ich schlafe irgendwann.

Als ich aufwache, steht ein Arzt neben meinem Bett, schaut mich ernst an und stellt sich vor. Dann sagt er: »Es war gut, dass Sie den Notruf gewählt haben, Herr Tauber!«

I
WEICHENSTELLUNGEN

Je mehr ich über meine Krankheit und die dramatischen Stunden damals im November nachdenke, desto klarer wird mir: All dies hat sehr viel mit meinem Selbstbild, einem bestimmten Rollenbild, zu tun. Dieser inneren Stimme, die mir all die Jahre immer wieder gesagt hat: »Los, halte durch! Behaupte dich, zeige möglichst keine Schwäche! Gib nicht auf! Niemals! Nur dann erreichst du das Ziel.« Früher hieß es bei den Soldaten: »Klagt nicht! Kämpft!« Ist das ein Rollenbild, das ich mir selbst zurechtgelegt habe? Das von der Gesellschaft vorgegeben wurde? Oder eines, das mir anerzogen worden ist?

Seit vielen Jahren laufe ich mehrmals die Woche, trainiere für Langstreckenläufe und den nächsten Marathon. Durchhalten, Schwächephasen überwinden, das ist bei einem Marathonlauf ebenso wichtig wie im Job. Wer stehen bleibt und ausruht, wird von den anderen überholt. Das Laufen ist ein schöner, aber auch tückischer Sport. Sosehr er mir ermöglicht, bei mir selbst zu sein, nachzudenken oder auch mit vertrauten

Menschen während des Laufens zu sprechen, eine große Nähe zu erfahren, so sehr ist dieser Sport auch das perfekte Abbild unserer Leistungsgesellschaft. Einer Gesellschaft, die immer mehr fordert. Die erwartet, dass man hart gegenüber sich selbst ist und Schwächen überspielt, sie irgendwie überwindet. Ist das der Grund, warum so viele Entscheidungsträger Ausdauerläufer sind? Weil sie auf diese Weise spielerisch nachvollziehen können, was die Menschen von ihnen erwarten? Marathon läuft man schließlich gegen sich selbst und nicht gegen andere.

Man stelle sich vor, wie Gesellschaft und Medien reagieren, wenn ein Unternehmer Tränen in den Augen hat, während er verkünden muss, dass er mehrere Hundert Mitarbeiter entlassen wird. Was denken Angestellte, wenn der Chef bei einer Präsentation auf einmal einen roten Kopf bekommt, den Faden verliert und ins Stottern gerät? Und wie reagieren politische Mitbewerber, wenn ein Minister erklärt, dass er einen Fehler gemacht hat und nun die Unterstützung aller Parteien braucht, damit die Sache wieder in Ordnung kommt? Sie kennen die Antwort. Es gibt eine Reaktion, die wünschenswert wäre, und eine, die absehbar ist.

Ich weiß sehr wohl, wann ich in meiner politischen Karriere so reagiert habe, wie es absehbar war, und nicht, wie es vielleicht wünschenswert gewesen wäre. Auch weil ich keine Ahnung hatte, was sonst passiert. Und auch das fügt sich wieder ins Rollenbild: nichts Unvorhersehbares tun. Keinesfalls die Kontrolle verlieren, lieber Spannungen aushalten. Als Mann keine Schwäche zeigen und auch sonst keine Emotionen. Das wird verlangt – und man macht sich dieses Bild zu eigen.

Immer dann, wenn es für mich schwierig wurde, wenn mir der Wind heftig entgegenblies und es manchmal sogar absolut unmöglich schien, die anstehende Aufgabe unter den gegebenen Voraussetzungen überhaupt zu bewältigen – dann war für mich der Reiz umso größer, es irgendwie doch noch zu schaffen. Ich habe mir gesagt: »Du musst durchhalten, egal wie.« Nächtelang habe ich gearbeitet, mich total abgehetzt, alles gegeben.

Damit ich nicht falsch verstanden werde: Das war ein selbst gewähltes Schicksal. Und es war erfüllend. Ich wusste schon vorher, dass die Politik kein Job von neun bis fünf Uhr ist, und habe den zeitlichen Einsatz nie hinterfragt. Meine Aufgaben habe ich gerne im Sinne der guten Sache erfüllt. Für mein Land und für meine Partei. Mehr noch für die Menschen in meiner Partei und die, die mich gewählt haben. Und ich war damit auch erfolgreich: Schon früh die Wahl in den Bundestag. Dann das Amt des Generalsekretärs. Ich war der jüngste, den die CDU bis dato hatte. Meine Arbeitstage hatten immer mehr als zwölf Stunden, dazu kam eine wachsende öffentliche Aufmerksamkeit. Das war zusätzlicher Druck, oft heftiger Stress. Irgendwann erschien mir das alles als richtig und normal, so, wie es war. Alle, die in der Politik Verantwortung tragen, kennen eine solche Situation nur zu gut. Die Anforderungen von außen sind groß. Es gilt, eine Rolle auszufüllen, Erwartungen zu entsprechen und zu genügen. Und irgendwann vergisst man zu fragen, was eigentlich die eigenen Ansprüche sind.

Ich weiß, dass mein Pensum keine Ausnahme ist, eher der Normalfall. Gerade deshalb verdrängt man die Frage, ob man an eine Grenze gekommen ist. Denn die anderen machen ja auch weiter, zeigen keine Schwäche. Genauso wenig wie ich. Und siehe da: Meist klappt es ja dann irgendwie doch!

Ob das mit dem Adrenalin zu tun hat, das bei Stress in unserem Körper ausgeschüttet wird? Bestimmt. Aber es ist auch eine Willensfrage. Es gibt Menschen, die brauchen den Druck, die Herausforderung. Ich gehöre wohl auch dazu. Und von vielen Männern, die ich kenne, weiß ich, dass es ihnen ähnlich geht. Durchhalten ist wichtig. Wenn es dann trotz allen Einsatzes schiefgeht, dann sagt man sich: »Ich habe es ausgehalten. Ich stecke das weg, bin hart im Nehmen. Weiter geht's.« Aber ist es nicht verrückt, so zu denken? So als könnte man immer wieder seine Leistungsgrenze überschreiten, ohne dass es Folgen hätte? Müssen wir als Mann immer als Gewinner vom Platz gehen?

Und wenn von Gewinnen gar nicht mehr die Rede ist? Ist es wirklich so schlimm, stehen zu bleiben und auszuruhen, wenn man schwach ist und nicht mehr weiterkann? Warum ist Aufgeben für viele Männer keine Option? Obwohl wir ständig von Fehlerkultur reden, ist das Scheitern immer noch verpönt.

Wir sind und bleiben in unserer Existenz verletzlich. Das gilt für Männer und Frauen gleichermaßen. Eigentlich wissen wir das schon früh. Die ersten Schürfwunden und Schrammen ziehen wir uns als Kind beim Ballspielen oder Radfahrenüben zu. Die Narben zeigen wir als Jungen oftmals stolz. Sie stehen für ausgehaltene Schmerzen und ein bisschen für Abenteuer. Auch später nehmen wir Risiken billigend in Kauf. Beim Skifahren holen wir uns Prellungen, wenn's schlimm kommt, brechen wir uns sogar einen Arm. Aber dass es Situationen geben kann, in denen es plötzlich ums Ganze geht, um das Leben an sich, dass die eigene Existenz plötzlich am seidenen Faden hängt, darüber denken wir viel zu wenig nach. Diese Erfahrung zu machen war neu für mich. Und sie wirkt nach.

Um das Ende zu verstehen, muss man den Anfang kennen. Darum noch einmal zurück auf Start. Wie kommt man dazu, in der ersten Reihe der Politik mitzumischen? Und wie kommt man dazu, sich in einer solchen Rolle für derart unersetzlich zu halten, dass man alle Grenzen missachtet, alle Signale überfährt und den Bogen derart überspannt, dass es am Ende zum Kollaps kommt? Vielleicht sogar kommen muss?

»Peter, mach du das doch!«

Die vielleicht wichtigste Entscheidung meines politischen Lebens fiel im Frühjahr 2008. Damals kam in meinem Kreisverband die Frage auf: Wer wird unser Kandidat für den Bundestag? Die Altvorderen in der Partei, aber auch Freunde, die meine Leidenschaft für die Politik und die Partei kannten, kamen auf mich zu: »Peter, mach du das doch!«

Damit nahm mein Leben eine völlig neue Wendung.

Ich war zwar schon seit vielen Jahren in der Jungen Union engagiert und hatte auch schon seit einiger Zeit einen Sitz im Stadtparlament inne. Kurz nach dem Studium hatte ich als Bürgermeister für meine Heimatstadt kandidiert. In der

SPD-Hochburg Wächtersbach war das allerdings ein Ansinnen ohne Aussicht auf Erfolg gewesen. Aber ich als Mitglied im Bundestag? Das war ein neuer Gedanke – und natürlich verlockend. Davon hätte ich kaum zu träumen gewagt. Natürlich haben mir der Zuspruch und das Vertrauen richtig gutgetan. Wer fühlt sich nicht geehrt, wenn man für eine solche Aufgabe gehandelt wird und einem andere so etwas zutrauen?

In den nächsten Tagen teilte ich den Gedanken, für den Bundestag zu kandidieren, zunächst mit meinen Eltern und den Geschwistern, dann mit einigen engen Freunden und meinen politischen Weggefährten. Ich wollte wissen, was die Menschen darüber denken, die mich am besten kennen. Da gab es keine Spur von Zögern oder Zweifeln. Im Gegenteil – die Zustimmung war ungeteilt. Meine Freunde haben mir gesagt: »Ja klar. Du machst das!« Meine Eltern waren stolz, wie Eltern eben nun mal so sind.

Die Erfahrung, von jeder Menge Menschen in einem anstrengenden Wahlkampf unterstützt und getragen zu werden, war einmalig. Ich fand es total berührend, dass andere sich mit großer Begeisterung für mich einsetzten. Wie oft haben mir Leute im Wahlkampf am Infostand gesagt: »Ihr Team ist derart motiviert und freundlich. Allein deshalb muss man Sie wählen.« Ohne mein Team hätte ich das alles nicht geschafft. So viel steht fest.

An jeder Straßenecke

Den Wahlkampf haben wir in unserer Freizeit geführt. Einige haben sich nach Feierabend nur kurz umgezogen und sind dann Plakate aufhängen gefahren. Andere haben Veranstaltungen organisiert, Pressemeldungen geschrieben und Unterstützer geworben. Viele im Team waren deutlich jünger als ich und haben noch studiert. In den Semesterferien ging es nicht in den Urlaub, sondern sie haben mir geholfen. Ich selbst habe die ersten Monate noch voll gearbeitet und dann, als es in die heiße Phase des Wahlkampfes ging, meinen gesamten Jahresurlaub auf einmal genommen. Auch die alten, erfahrenen Parteifreunde haben natürlich mit angepackt. Es war das zu spüren, was ich an meiner Partei so mag: Wenn es drauf ankommt, dann halten wir zusammen. Alle, wirklich alle kämpfen gemeinsam. Als Team haben wir uns einmal pro Woche abends getroffen und alles, was gerade anstand, besprochen: »Wer fährt in die Druckerei?«, »Wer mietet den Saal?«, »Wer hängt die Plakate auf?«

Ich war damals 34 Jahre alt. In Gelnhausen habe ich Abitur gemacht, hier lebten die meisten Freunde und die Familie. Und plötzlich hingen überall Plakate mit meinem Konterfei. Das war seltsam und mir irgendwie auch nicht ganz geheuer. Ich war nun jemand, auf den andere schauten. Mein Verhalten, mein Tun, es wurde bewertet und kommentiert. Auch daran muss man sich erst einmal gewöhnen.

Die letzten sechs Wochen bis zum Wahltag habe ich mich um nichts anderes mehr gekümmert als um den Wahlkampf. Und der harte Kern meines Teams ebenfalls, zumindest soweit es Studium und Arbeit zuließen. Manchmal habe ich mich dabei erwischt, dass ich dachte: »Wenn jetzt um 23 Uhr noch jemand an seinem Schreibtisch sitzt und für dich arbeitet, dann kannst du doch nicht fernsehen oder dich ins Bett legen.« Pausen habe ich mir deshalb kaum gegönnt. Meist nur fünf Stunden Schlaf, das Allernötigste an Zeit für mich selbst – das war's. Dann wieder raus, an den Bahnhöfen Flugblätter und Brötchen verteilen, abends noch auf Veranstaltungen auftreten. Jeden Tag ein anderer Ort, ein anderes Dorf. Zwischendurch Besuche von Unternehmen, Podiumsdiskussionen mit den weiteren Kandidaten oder ein Interview mit der örtlichen Zeitung.

Es war positiver Stress, so wie ich diese Zeit überhaupt als inspirierend, toll und aufregend in Erinnerung habe. Atemberaubend trifft es – im wahrsten Sinne des Wortes – ganz gut. Es ist klar, dass man sich in einer solchen Situation sagt: »Komm, ein bisschen Luft hast du noch, mach lieber noch etwas fertig, bevor du schlafen gehst! Es gibt so viel zu tun.« Und man lernt einen Zustand kennen, der in der Politik systemimmanent ist: Man ist nie fertig. Nie. Es kommen immer neue Aufgaben dazu. Der Schreibtisch ist niemals leer.

Rückblickend betrachtet, begann sich genau dort eine Haltung einzuschleifen, die sich später verselbstständigt hat: alles geben, sich selbst wenig gönnen; Sprüche klopfen wie »Pausen und Urlaub werden überbewertet«.

Ein so großer Einsatz zieht unter Umständen auch Erfolg nach sich. Euphorie und das Gefühl »Ich bringe mehr zustande, als mancher glaubt!« stellen sich ein. Vielleicht zuweilen auch der Gedanke: »Mir kann keiner was, wenn ich nur will!« Es ist eine ungute Verabsolutierung des Willens, mit dem man glaubt, die Wirklichkeit zwingen zu können. Aus der Not wird eine Tugend. Manchmal ist es ein Uhr nachts, wenn ich vom Schreibtisch aufstehe, um kurz nach fünf bin ich schon wieder auf den Beinen – und es macht mir nichts aus! Wenn einer besonders hart arbeitet, dann ich. Denn ich muss und will schließlich Vorbild sein!

So wird der Grundstein dafür gelegt, sich selbst stets mit Härte zu begegnen. Eine Haltung, die man anschließend nicht mehr hinterfragt und die ja auch zu vermeintlichem Erfolg führt. All das, was auf der Strecke bleibt, das blendet man aus. Und es bleibt nicht bei der Härte gegen sich selbst – zumindest nicht in meinem Fall. Wer mit sich selbst nicht fürsorglich umgeht, der kann das auch mit anderen nicht. Alles leidet: Freundschaften, Beziehungen, letztlich auch die eigene Seele und die Gesundheit.

Damals habe ich solche Gedanken nicht gehabt, sondern nur gedacht: Hier passiert etwas ganz Großes! Nicht weil mein Gesicht an nahezu jeder zweiten Straßenlaterne hing, sondern weil ich die Chance bekam, etwas Außergewöhnliches zu tun. Ich liebe meine Heimat und mein Land. Im Parlament mitzuarbeiten, das ist bis heute für mich etwas sehr Besonderes.

In einem Moment, in dem ich alleine bin, denke ich: Was passiert hier eigentlich gerade? Und was wird sein, wenn wir wirklich gewinnen?

Nach vielen Wochen intensiven Wahlkampfes, in denen ich tagelang von Tür zu Tür unterwegs war, stundenlang auf Marktplätzen oder vor Supermärkten stand, mit Bürgern gesprochen und viele Tausend Hände geschüttelt habe, ist es endlich so weit. Der Abend der Entscheidung ist da. Bundestagswahl!

Ich erinnere mich noch genau an die Stunden, in denen ich zu Hause sitze und auf das Ergebnis warte. Der Fernseher läuft, auf dem Handy verfolge ich die Kurznachrichten von Freunden und die aktuellen Hochrechnungen. Die CDU hat bundesweit die Wahl gewonnen, das steht ziemlich schnell fest. Aber es gibt zunächst keine wirklich verlässlichen Zahlen, wie es hier bei mir im Wahlkreis aussieht. Stattdessen sind es einzelne Anrufe aus den unterschiedlichen Wahlbezirken, die das Ergebnis vor Ort verkünden. Ganz langsam fügt sich ein Bild zusammen. Nach der Schließung der Wahllokale dauert es eine gute Stunde, bis die ersten Bezirke die Stimmen ausgezählt haben, und dann tröpfeln die Ergebnisse nach und nach herein. Flörsbachtal ist ausgezählt und geht an den SPD-Kandidaten, in Jossgrund habe ich die Nase vorne. Die Spannung steigt. Wieder ein Anruf, diesmal aus Bad Orb: »Du hast hier die Wahl eindeutig gewonnen!« Dann eine Nachricht aus dem nächsten Ort: »Die SPD liegt vorne.« So geht es weiter. Ich sitze bei mir zu Hause, schreibe mit, verfolge den Trend. Es ist ein Rechenexempel: In Bad Orb wohnen mehr als doppelt so viele Leute wie in Flörsbachtal. Wenn ich in diesem kleinen Ort verloren habe, ist das nicht so schlimm. Mehr und mehr wird klar: Das läuft für mich richtig gut! Und im Laufe des Abends ergibt sich ein immer klareres Bild.

Nach eineinhalb Stunden fühle ich: »Es ist geschafft!« Wahnsinn!

Natürlich ist es kein Zufall, dass ich die Wahl von zu Hause aus verfolge. Parteifreunde haben mir dazu geraten.

Ob bei den Regionalwahlen, der Wahl für den Hessischen Landtag oder den Bundestagswahlen – es ist das gleiche Bild: Die Hochrechnungen werden immer verlässlicher, dann dauert es eine Weile, bis sich die ersten Politiker vor Mikrofone oder laufende Kameras stellen. Es geht nicht nur darum, Zeit zum Nachdenken zu haben, was es Kluges zu sagen gibt. Man will sich einfach ungern in dem Moment ins Gesicht schauen lassen, wenn das Ergebnis auf dem Tisch liegt. Denn die hängenden Mundwinkel und der Ausdruck tiefer Enttäuschung – das sind nicht die Bilder, die die Medien hunderttausendfach teilen sollen. Wenn man monatelang um etwas gekämpft hat und dann verliert – ob ganz knapp oder himmelhoch –, ist es einfach enttäuschend. Diese Enttäuschung muss man im ersten Moment hinunterschlucken – am besten nicht direkt vor einer Kamera. Und auch wenn man haushoch gewinnt, gilt es, sich innerlich zu zügeln. Ein selbstgefälliges Grinsen oder lautes Triumphgeheul können ein riesiger Fehler sein, denn das nimmt einem mancher Beobachter zu Recht übel. Viel besser ist es, sich im Moment der Wahrheit erst einmal zu sortieren und zu sammeln.

Da ist wieder der Wunsch nach Kontrolle und Deutungshoheit über ein Bild, das man nach außen zeigen will. Es ist selten ein Bild, das einen echten Einblick erlaubt.

Das endgültige Wahlergebnis steht übrigens meistens erst fest, wenn die Kameras ausgeschaltet sind. Dann wird in den

Parteizentralen noch gerechnet und aufgelistet, wer welchen Wahlkreis gewonnen hat. Und irgendjemand wird im Konrad-Adenauer-Haus in dieser Nacht meinen Namen in das Feld hinter unserem Wahlkreis eingetragen haben.

Der formelle Ablauf eines solchen Wahlabends wird natürlich schon lange vorher geplant. Hier in Gelnhausen geht man, wenn die Hochrechnungen stabil sind und das Ergebnis mit hoher Wahrscheinlichkeit feststeht, ins Landratsamt. Dort gibt es eine große Leinwand – und dort kommen nach und nach viele Menschen zusammen. Parteimitglieder und interessierte Bürgerinnen und Bürger warten bei einem Glas Wasser oder einem Bier auf das Ergebnis und diskutieren die Ergebnisse.

Auch ich mache mich nun von zu Hause aus auf den Weg ins Landratsamt. Meine engsten Freunde und Unterstützer nehmen mich gleich am Eingang in Empfang. Man applaudiert, viele klopfen mir auf die Schulter, ich werde umarmt, gedrückt und in den Saal geschoben. Jetzt ist es wirklich amtlich: Wir haben gewonnen! Und das mit einem respektablen Vorsprung.

Drei Sätze ins Mikrofon für die örtliche Presse, Glückwünsche der anderen Parteien entgegennehmen, Danke sagen für einen meist fairen Wahlkampf. Und dann nichts wie weg, ab zu meinen Freunden und Wahlkampfhelfern. Die warten schon. Natürlich haben wir eine ordentliche Wahlparty organisiert. Es wird ein langer Abend und eine kurze Nacht. Ein Freudenfest!

Für den Fall der Fälle haben wir schon vor längerer Zeit mein Lieblingscafé in Gelnhausen reserviert. Wahlkampfhelfer, Freunde und meine Familie sind hier, um miteinander das wunderbare Ergebnis zu feiern. Alle sind eingeladen, die Getränkerechnung am Ende deutlich vierstellig, die Bar leer getrunken. Egal, das ist es wert.

Als Hingucker im Wahlkampf hat uns eine Piaggo Ape gedient, ein kleines Gefährt auf drei Rädern, das wir mit allerlei Aufklebern und Plakaten dekoriert haben. Monatelang stand die Kiste kaum still. Und auch jetzt ist sie wieder im Einsatz. Momentan sitzt Christoph Engel, ein Zwei-Meter-Hüne aus meinem Wahlkampfteam, am Steuer und grinst von einem Ohr zum anderen. Eigentlich ist der Wagen viel zu klein für ihn. Aber er hat es trotzdem geschafft, sich hineinzuquetschen. Den Kopf hält er aus dem Seitenfenster, um Luft zu bekommen. Und los geht's!

Runde um Runde kurvt er mit dem Ding um den Block und hupt jedes Mal wie ein Verrückter, wenn er an uns vorbeikommt. Und jedes Mal antwortet ihm ein ohrenbetäubender Jubel. Alle singen: »So sehen Sieger aus …« Ich muss grinsen und genieße den Trubel.

Als ich am frühen Morgen endlich ins Bett komme, kann ich es noch immer kaum fassen. »Ich bin jetzt Mitglied des Bundestags!« Und für den Moment einfach nur glücklich.

»Mach doch lieber was Richtiges«

Dass ich einmal eine politische Laufbahn einschlagen würde, war nicht geplant. Mein Vater hatte zunächst ganz andere Ideen, wie meine berufliche Zukunft aussehen könnte, auch wenn ich immer alle Freiheiten hatte, selbst zu entscheiden. Am liebsten wäre es ihm gewesen, wenn ich in seine Fußstapfen getreten und ebenfalls Jurist geworden wäre. Entsprechend verhalten war seine Reaktion, als ich nach dem Abitur ankündigte, Geschichte studieren zu wollen: »Mach doch lieber was Richtiges.« So oder ähnlich klingen mir seine Worte noch heute im Ohr. Am Ende hat sich meine Mutter auf meine Seite geschlagen. »Der Junge soll studieren, was ihm Spaß macht und was ihn interessiert.« So ihre Ansage. Vielleicht half mir, dass sie zu der Generation von Frauen gehört, die sich jeden Schritt in die Eigenständigkeit mühsam erkämpfen mussten. Sie selbst durfte nicht studieren, was sie wollte.

Ich habe mich für das Studienfach entschieden, ohne zu fragen: Was kann ich später einmal damit anfangen? Geschichte war einfach das Fach, das mich am meisten faszinierte. Die Leidenschaft dafür hatte meine Mutter schon früh geweckt – bewusst oder unbewusst. Mit viel Freude haben meine Geschwister und ich schon als Kinder ihre Sammlung französischer Asterix-Comics zerlesen. Meine Mutter war es auch, die uns jedes Jahr Sachbücher zu den Römern, Wikingern oder dem Leben im Mittelalter unter den Weihnachtsbaum legte. Ich habe sie mit Begeisterung verschlungen. Die Freude an der Geschichte ist mir geblieben, die Liebe zu Büchern auch. Heute gehe ich sorgsam damit um und stimme Erich

Kästner zu, der gesagt hat: »Wer Bücher schenkt, schenkt Wertpapiere.«

Geschichte ist für mich so viel mehr als nur trockene Jahreszahlen. Es fasziniert mich, die historische Entwicklung und das Werden unseres Landes und seiner Menschen nachzuvollziehen, in die europäischen Zusammenhänge und globalen Entwicklungen einzutauchen. Da sind die Fragen nach den Wurzeln unserer Kultur – wie sich verschiedene Gesellschaftsformen entwickelt haben. Wie unser Land mit all seinen Eigenheiten von denen, die vor uns waren, geprägt wurde. Wer die geistigen Väter und Mütter unserer heutigen Vorstellung vom Menschen als einem zur Freiheit berufenen Individuum sind. Dies alles finde ich nicht nur spannend, sondern ich bin überzeugt, dass man ohne Geschichte die Welt nicht versteht. Und wie will man dann die Probleme unserer Zeit lösen?

Ja, ich weiß: Geschichte ist für viele auch nicht der Inbegriff von Kreativität und Selbstentfaltung. Aber ich wusste, worauf ich mich einlasse. Schon früh, während meiner Schulzeit, hatte ich damit begonnen, mich mit der Vergangenheit meiner Heimatregion zu beschäftigen. Ich war begeistert von den alten Fotografien, die das Leben in meiner Stadt vor gut 50 Jahren zeigten und mir trotz der vertrauten Mauern eine andere Welt offenbarten. So wurde ich das jüngste Mitglied im örtlichen Geschichtsverein. Und parallel zum Abitur schrieb ich mein erstes Buch über die Geschichte meiner Schule.

Am Ende habe ich mich von den Einwänden bei der Wahl meines Studiums zwar nicht beirren lassen, aber ich konnte die Skepsis meines Vaters durchaus nachvollziehen. Meine Eltern sind in den 50er-Jahren groß geworden und – wie jeder von uns – Kinder ihrer Zeit. Als sie aufwuchsen, kam das sogenannte Wirtschaftswunder in Gang. Man packte mit an, ergriff die Chancen, die sich einem boten. Vieles wurde möglich, an das zuvor keiner geglaubt hatte. Man wählte nicht unbedingt den Beruf, von dem man träumte. Es war schlicht wenig Zeit für Selbstverwirklichung. Vor Ort gab es vielleicht einen Betrieb, der eine Schreinerlehre anbot. Oder eine Metallwarenfabrik suchte kaufmännische Lehrlinge. Man machte das, was gebraucht wurde – oder das, was einem die Eltern rieten. Es galt, die Chancen, die sich boten, zu nutzen und das vom Krieg zerstörte Deutschland wiederaufzubauen. Und es gab bei alldem eine starke Leistungsorientierung.

Dass mein Vater den Gedanken, den gleichen Weg zu wählen wie er, überhaupt an mich herantrug, war eigentlich überraschend. Schließlich war er selbst aus der Familientradition ausgeschert. Statt wie sein Vater und seine Brüder Pharmazie zu studieren und Apotheker zu werden, hatte er sich für Jura entschieden. Er hatte wohl gespürt, dass dies für ihn der richtige Weg war. Und er hat sich durchgesetzt. Ich bin sehr stolz auf ihn.

Die klassischen bürgerlichen Werte sind meinen Eltern sehr wichtig. Disziplin, Verlässlichkeit, Fleiß.

Ein Jurastudium, dessen berufliche Möglichkeiten sehr viel klarer sind als die Aussichten, die man mit einem abgeschlossenen Studium der Geschichte hat, passten für meinen Vater einfach besser in sein Bild – so vermute ich. Aber mir war Jura viel zu trocken. Der Gedanke, tief in Gesetzestexte und

Urteile einzutauchen und jede Menge auswendig zu lernen, lag mir fern. Und ganz ehrlich, da war noch etwas: Mein Vater ist ein hervorragender Jurist. So gut wie er, das war mir klar, würde ich nie werden. Ich scheute nicht nur den Vergleich, sondern wollte ein Studienfach wählen, in dem ich richtig gut sein würde. Da war er wieder, der Leistungsgedanke, der in meiner Familie und auch in unserer Gesellschaft stets eine große Rolle spielt.

Die Begeisterung kam erst mit der Zeit

In den Jahren 1995 und 1996 habe ich in Schwarzenborn und Mainz meinen Wehrdienst abgeleistet. Ich gehöre zu denen, die nicht gerne zum Bund gegangen sind. Aber die Atteste vom Hausarzt haben nichts genutzt. Am 3. Juli 1995 fuhr ich mit dem Einberufungsbescheid in der Tasche und einem etwas mulmigen Gefühl durch das Kasernentor in Schwarzenborn.

Die Skepsis wich erst sehr viel später dem Gedanken, an der richtigen Stelle zu sein. Ich bin der Bundeswehr dankbar für viele Erfahrungen, das Soldatsein hat mich geprägt. Darum habe ich nach dem Wehrdienst als Reservist weitergemacht. Die Idee dazu kam, als ich an der Uni war und einen Kameraden traf. Gemeinsam verpflichteten wir uns für die Laufbahn als Unteroffiziere der Reserve. Später wollte ich dann Offizier werden. Inzwischen bin ich Hauptmann.

Was fasziniert mich am Soldatsein? Natürlich finde ich es wichtig, unserem Land zu dienen. Unsere Soldatinnen und Soldaten tun das mit Inbrunst. Und sie haben keinen leichten und ungefährlichen Auftrag. Wenn man das Ehrenmal der Bundeswehr in Berlin besucht und die schier endlos lange Namensliste der Toten liest, dann bekommt man eine Ahnung davon. Hier wird der Soldaten und zivilen Angestellten gedacht, die in Folge der Ausübung ihrer Dienstpflichten gestorben sind. Mehr als 3200 Angehörige der Bundeswehr ließen seit 1955 ihr Leben.

Ich habe bei der Bundeswehr viel gelernt. Nein, damit meine ich nicht, dass ich ein Maschinengewehr in anderthalb Minuten zerlegen und zusammensetzen kann – und das auf dem Rücken liegend, mit verbundenen Augen. Ich habe während meines Wehrdienstes auf engstem Raum mit völlig unterschiedlichen Menschen zusammengelebt. Männern, die nicht wie ich aus einem behüteten bürgerlichen Elternhaus kamen. Wir haben gelernt, dass wir gemeinsam besser dran sind, als wenn jeder für sich alleine versucht durchzukommen. So haben wir uns gegenseitig geholfen. Und derjenige, der half, hat nicht gefragt, was er dafür bekommt. Wir haben zusammengehalten. Kameradschaft nennen das die Soldaten. Solidarität nennen wir das in der Gesellschaft, manchmal auch Nächstenliebe. Und was so altmodisch klingt, ist eigentlich zeitlos. Diese Kameradschaft zu erleben war eine unglaubliche Erfahrung. Wichtiger noch war etwas anderes: Viele Dinge, die ich tun musste, hätte ich mir alleine nicht zugetraut. Ich hätte es nicht einmal versucht. Dabei denke ich besonders an die körperliche Belastung, verbunden mit dem mentalen Druck, der ja auch bewusst künstlich erzeugt wird, um Soldaten auf den »Ernstfall« vorzubereiten.

Wer nie geübt hat, seiner Angst ins Auge zu schauen und unter extremer Belastung wichtige, ja lebenswichtige Entscheidungen zu treffen, wird es in krisenhaften Situationen schwer haben. Ein guter Ausbilder achtet darauf, dass man nicht nur an seine persönliche Grenze geführt wird, sondern manchmal auch darüber hinaus. Und er fängt einen auf und greift ein, bevor man an der Belastung zerbricht. Ich hatte solche guten Ausbilder und habe gelernt: Du kannst viel mehr, als du denkst. Trau dich! Probiere etwas aus. Und halte durch, wenn es schwierig wird. Meistens lohnt es sich.

Später hätte ich hier und da jemanden gebraucht, der mich auf meine Grenzen hinweist. Das Problem ist wohl, dass sich ab einer gewissen Ebene niemand mehr traut, etwas zu sagen, und man selbst auch nicht mehr bereit ist, gegenüber anderen zu zeigen: »Weiter kann ich nicht.« Folglich ist auch niemand da, der einem sagt, ob eine Grenze erreicht oder bereits überschritten ist. Ohne Rücksicht auf Verluste habe ich so meine persönlichen Bedürfnisse nach und nach immer weiter nach hinten verschoben. Und ich musste lernen: Das bleibt nicht folgenlos für meine Seele und meinen Körper.

Sogenannte preußische Tugenden, die mit dem Soldatsein eng verknüpft sind, gehen auf christliche Kardinaltugenden zurück. Sie haben für mich eine große Bedeutung: Aufrichtigkeit, Fleiß, Geradlinigkeit, Gerechtigkeitssinn, Ordnungssinn, Pflichtbewusstsein, Pünktlichkeit, Redlichkeit, Zielstrebigkeit und Zuverlässigkeit.

Es sind gute Maßstäbe, an denen ich mich immer wieder orientiere. Leider fallen mir viele Situationen ein, in denen ich nicht entsprechend gehandelt habe. Aber danach zu streben ist mir wichtig. Man kann jeden Tag neu damit anfangen.

»Herr Bürgermeister, auf ein Wort!«

Begonnen hat meine politische Karriere in meinem Heimatort Wächtersbach. Ich war damals 16 Jahre alt. Nach der Schule kurz Hausaufgaben, dann traf ich mich mit Freunden auf der Straße, und wir zogen oft den ganzen Nachmittag bis in den frühen Abend durch den Ort oder hockten bei Freunden, um am Computer zu spielen. Die ersten Spielekonsolen traten damals ihren Siegeszug durch die Kinder- und Jugendzimmer an. Wenn wir draußen unterwegs waren, spielten wir Ball, gingen im Winter Schlitten fahren oder bauten Hütten im Wald. Es wurde nie langweilig, und wir hatten einfach viel Spaß. Überall gab es etwas zu entdecken oder auszuprobieren. Nur mit dem Kicken war es schwirig. Wenn wir den Ball gegen die Blech-Garagentore schossen, gab es schnell Ärger mit den Nachbarn. Auf der Straße musste man auf die geparkten Autos und den Verkehr aufpassen, die Wiesen waren entweder zu steil oder von Maulwurfshügeln übersät. Das waren keine guten Voraussetzungen, um unsere Fußballkünste zu pflegen. So kam die Idee auf, dass wir auf dem »Heiligen Rasen« des örtlichen Sportvereins Fußball spielen könnten. Es gab zwar einen Zaun, aber der Eingang zur Sportanlage war immer offen, der Rasen gut gepflegt, die Tore neu. Einfach perfekt. Das einzige Problem war, dass der Platzwart der Germania Wächtersbach unsere Idee alles andere als gut fand. Wann immer wir auftauchten, jagte er uns kurzerhand vom Platz. Das hat uns mächtig geärgert, zumal es im Ort eben keinen Bolzplatz gab. Ohne lange zu überlegen, haben wir uns ein Herz gefasst und sind zum Rathaus marschiert, um den Bürgermeister um seine Unterstützung zu bitten. Der war sichtlich verdutzt, als wir uns vor ihm aufbauten: »Herr Bürgermeister, wir würden gerne auf dem Platz der Germania kicken – aber das wird uns immer wieder verboten. Oder es braucht einen Bolzplatz, auf dem wir spielen können.« So in etwa erinnere ich mich an die erste politische Forderung, die wir aufstellten.

Der Mann hat sich unserer Bitte leider nicht direkt angenommen. Er wusste nichts Rechtes mit uns anzufangen, so schien es mir. Wahrscheinlich hatte er aber einfach in diesem Moment keine Zeit. So kamen wir nicht dazu, die damit zusammenhängenden Fragen zu diskutieren oder uns selbst bewusst zu werden, dass das so einfach vielleicht gar nicht war, wie wir uns das vorstellen. Es bräuchte ein geeignetes Grundstück. Das würde unter Umständen viel Geld kosten, Anträge und Beschlüsse wären nötig, und am Ende würden vermutlich auch einige Anlieger intervenieren, denn spielende Kinder machen Krach. Und Krach will keiner vor der Haustür haben. Kurzum: Alles war schwierig, aber so tief konnten wir in die Materie gar nicht einsteigen. Der Bürgermeister hat uns nach kurzer Zeit hinauskomplimentiert. Zu seiner Ehrenrettung muss man sagen, dass wir aus heutiger Sicht so ziemlich alles falsch gemacht hatten, um unserem Anliegen die notwendige Ernsthaftigkeit zu verleihen. Aber das haben wir damals natürlich komplett anders gesehen.

In jedem Falle hat uns der Mann unterschätzt, wenn er dachte, dass die Sache damit vom Tisch sei. Wir wollten uns nicht die Butter vom Brot nehmen lassen. Und es hat nicht lange gedauert, bis wir den nächsten Schritt machten. Wir wollten uns politisch engagieren. Aber wie geht das? Und in welcher Partei?

Meine Oma war CDU-Mitglied und mein erster Ansprechpartner in dieser Sache. Wenig später habe ich auf ihrer Geburtstagsfeier einfach den CDU-Vorsitzenden angesprochen, der zum Gratulieren vorbeikam. Er war ein feiner älterer Herr, der mir bereitwillig und freundlich Auskunft gab. Von ihm wollte ich wissen, wie man sich als Jugendlicher in der Partei engagieren kann. Der Mann war von unserer Idee, politisch aktiv zu werden, ganz begeistert. Schnell hat er uns an den Vorsitzenden der Jungen Union aus dem Nachbarort »weitervermittelt«. Tobias Weisbecker nahm uns an die Hand, erklärte uns die wesentlichen Dinge, half bei der Gründung der Jungen Union Wächtersbach und ist bis heute mein engster politischer Freund.

Warum fiel meine Wahl auf die CDU? Ich würde lügen, wenn ich behaupte, ich hätte damals die Parteiprogramme von SPD, CDU, FDP und Grünen miteinander verglichen. Das war nicht der Fall. Bis heute erreicht man so nur die wenigsten Menschen, die sich mit dem Gedanken tragen, einer Partei beizutreten. Nein, mir ging es damals eher um eine Haltung.

Helmut Kohl war schon Bundeskanzler, als ich eingeschult wurde. Und er sollte noch Kanzler sein, als ich später mein Abitur machte. Man mochte ihn oder nicht. Die meisten jungen Leute konnten mit ihm wenig anfangen, um es freundlich zu formulieren.

Nach dem Fall der Mauer schlug die Stunde von Helmut Kohl. Er griff zu, als der Mantel der Geschichte wehte. Seinem weltweiten Ansehen war es zu verdanken, dass Freunde und Verbündete, aber auch die sowjetische Seite den Deutschen eine Wiedervereinigung überhaupt ermöglichten. Eine Wiedervereinigung in Frieden und Freiheit, für die die Menschen in Ostdeutschland so leidenschaftlich demonstriert hatten.

Den Tag des Mauerfalls werde ich für den Rest meines Lebens nicht vergessen. Ich weiß noch ganz genau, wie ich ihn damals erlebt habe. Wir waren als Familie gerade im Urlaub in Bayern und haben auf dem Heimweg jede Menge dieser komischen Autos aus Pappe überholt. Nie wieder haben so viele Leute fröhlich gehupt, wenn ich an ihnen vorbeifuhr. Insgesamt 115 Trabis waren es, die ich damals zählte.

In Westdeutschland waren in der Diskussion um die Deutsche Einheit sofort die Bedenkenträger und Skeptiker laut geworden. Was das alles kosten würde, war eine oft gestellte Frage. Willy Brandt hat damals die richtige Antwort gegeben, als er feststellte, dass zu viele nach den Kosten und zu wenige nach dem Wert fragen würden. Und Helmut Kohl hat eben nicht gezögert, sondern gehandelt. Sicher hat er dabei Fehler gemacht, aber seine Haltung hat mir imponiert: anpacken und an das Gute glauben, positiv denken. So wirkten er und seine Politik auf mich. Und mit einer Partei, die so Politik macht, konnte ich mich identifizieren. Bis heute mag ich keine Menschen, die nur meckern und schimpfen. Und Helmut Kohl war vielleicht nicht modern, nicht cool – aber er strahlte

Verlässlichkeit aus. Die CDU schien uns damals auch seinetwegen, wie soll ich es formulieren, einfach »vernünftig«.

Um einen Stadtverband der Jungen Union gründen zu können, muss man mindestens zu siebt sein. Leider waren wir nur sechs. Deshalb hat meine Schwester kurzerhand eine Freundin überredet, auch mitzumachen. Wer den Vorsitz übernimmt, haben wir gar nicht erst diskutiert. Es lag auf der Hand: »Das macht der Peter.« Und ja, ich hatte große Lust dazu. Die Wahl war rückblickend gesehen reine Formsache.

Die örtliche CDU hat uns Rückenwind gegeben. Aber so ganz geheuer war den älteren Herrschaften unser Enthusiasmus wohl nicht. Wir waren laut, um nicht zu sagen vorlaut. Im Nachhinein bin ich vielen Parteifreunden dankbar, dass sie uns manchmal einfach ausgehalten haben. Wir haben jedenfalls dafür gesorgt, dass man merkt, dass es uns gibt, und über die CDU-Mandatsträger dem Ortsbeirat unseren Wunsch nach dem Bau eines Bolzplatzes nahegebracht. Auch sonst haben wir uns viele Gedanken darüber gemacht, was sich in Wächtersbach und Umgebung verändern müsste, damit Jugendliche sich dort richtig wohlfühlen. Klassische Kommunalpolitik eben.

Mein Jugendzimmer lag voller Drucksachen der Partei, und meine neue Leidenschaft nahm viel Zeit in Anspruch. Wir trafen uns regelmäßig und stachelten uns gegenseitig an. Wenig später gründete die SPD eine Gruppe der Jusos. Das war für uns eine zusätzliche Motivation, uns richtig reinzuhängen. Wir haben gespürt, dass wir etwas verändern können, wenn wir unsere Ziele hartnäckig verfolgen und auch andere dafür gewinnen, mitzumachen. Die Junge Union Wächtersbach bekam innerhalb kürzester Zeit weitere Mitglieder. Ich habe viele tolle Menschen kennengelernt, mit denen ich mich zum Teil auch heute noch eng verbunden fühle.

Mir hat es gut gefallen, Verantwortung zu übernehmen, und ich konnte meine Talente einbringen. Es hat mir Freude gemacht, unsere Anliegen in Worte zu fassen, Ideen zu entwickeln, Aufmerksamkeit für unsere Forderungen zu bekommen. In den Versammlungen spürte ich schnell, wie es gelingen kann, andere für eine Aktion zu begeistern und Mehrheiten zu gewinnen. Bei der Kommunalwahl 1993 wurde ich ins Wächtersbacher Stadtparlament gewählt und war damit der jüngste Stadtverordnete in Hessen.

Unsere Pressemitteilungen haben wir als Brief oder per Fax an die regionalen Zeitungen verschickt. Das war das Medium, in dem der politische Streit ausgetragen wurde. Soziale Netzwerke, wie wir sie heute kennen, gab es damals noch nicht. Es blieb also nur die *Gelnhäuser Neue Zeitung* oder der Schulhof als Kommunikationsplattform. Wenn ein von mir verfasster Text abgedruckt wurde, war meine Oma jedes Mal stolz. Sie hat den Artikel dann sorgsam mit der Schere ausgeschnitten und zu den anderen in eine Mappe gelegt oder für mich aufgehoben.

Irgendwann war es dann so weit: Wir hatten unser Ziel erreicht, in Wächtersbach gab es endlich einen Bolzplatz.

Politik als Beruf

Im Jahr 2000 habe ich an der Frankfurter Goethe-Universität mein Studium der Mittleren und Neueren Geschichte beendet. In den Nebenfächern hatte ich Germanistik und Politikwissenschaften gewählt. Danach wollte ich gerne promovieren. Tatsächlich hatte ich rasch das Thema und einen Doktorvater gefunden, eine wissenschaftliche Laufbahn war nicht völlig abwegig. Doch plagten mich Zweifel an den beruflichen Perspektiven, die sich mir damit bieten würden. Es war eine Zeit, in der die Hochschulen in einer Krise steckten. Viele Einrichtungen waren unterfinanziert, es gab zwar die Chance auf eine Stelle im »Mittelbau« – aber danach? Die Perspektive, sich – wenn man überhaupt einen Job bekam – in den nächsten Jahren von einem befristeten Vertrag zum nächsten zu hangeln, wie es viele Wissenschaftler an Universitäten bis heute tun, war wenig verlockend. Zum Glück ergab sich eine andere Möglichkeit, eine Chance, die ich unbedingt wahrnehmen wollte: Der Posten des Landesgeschäftsführers der Jungen Union in Hessen war frei geworden, eine bezahlte Vollzeitstelle.

Parallel zu Schule und Studium hatte die Politik bislang immer eine große Rolle in meinem Leben gespielt. In der Jungen Union war ich seit Jahren aktiv, kannte die meisten Akteure auf Landesebene, hatte auch bundesweit erste Kontakte geknüpft und wusste, worauf es ankam. Dieser Posten – wenn ich ihn bekäme – würde es mir ermöglichen, meine Leidenschaft zum Beruf zu machen. Herz, was willst du mehr?

Als ich die Ausschreibung der Stelle sah, bin ich schnurstracks zu meinem Doktorvater gegangen und habe ihn gefragt, was er mir raten würde. Die Promotion, das war klar, müsste ich dafür für eine Weile hintenanstellen. Über die Reaktion meines Doktorvaters war ich erleichtert. Er wusste, dass ich ein politischer Mensch bin, und riet mir, mich zu bewerben.

Dann ging alles recht schnell. Nach meiner Bewerbung wurde ich zu mehreren Gesprächen eingeladen, und es kristallisierte sich heraus, dass man mir den Zuschlag geben würde. Die Verantwortlichen wussten um mein jahrelanges ehrenamtliches Engagement und meine Qualifikationen. Viel wichtiger noch: Ich brannte für die Sache.

»Landesgeschäftsführer« – an diesen neuen Titel musste ich mich erst einmal gewöhnen und ihn für mich mit Leben füllen. In der Landeshauptstadt Wiesbaden nutzte die CDU in der Frankfurter Straße eine alte Villa als Geschäftsstelle. Hinter der ehrwürdigen Fassade verbarg sich eine moderne Parteizentrale mit dem Büro der Jungen Union unterm Dach. Ich weiß noch genau, wie mich manche Mitarbeiter entgeistert anstarrten, als ich an einem heißen Sommertag in kurzen Hosen, T-Shirt und Turnschuhen schnell die Treppe in den dritten Stock hinaufeilte. In unserem Dachzimmer wurde es im Sommer wegen mangelnder Isolierung richtig warm – nein, eher heiß.

Ich bin damals sehr viel in Hessen unterwegs gewesen. Von Darmstadt bis nach Kassel, ins Ried, die Wetterau und den Taunus. Ich fuhr in die großen Städte und die kleinen Dörfer – eben überall hin, wo es eine Junge Union gab. In Wiesbaden fand ein Empfang im Kurhaus, in Körle ein Bierfest am Dorfbrunnen statt. Unterwegs kannte ich bald jedes amerikanische

Schnellrestaurant. Die Leidenschaft für Fast Food teilte ich mit Roland Koch, auch wenn wir sonst nicht immer einer Meinung waren. Nach und nach, so schien es mir, war ich überall mal gewesen und kannte wirklich viele unserer aktiven Mitglieder persönlich. Mehr und mehr habe ich dabei das politische Handwerkszeug gelernt, das ich später gut gebrauchen konnte: Wie bereitet man große Veranstaltungen vor, wie gewinnt man Unterstützer für bestimmte Vorhaben? Wie leitet man eine Sitzung? Was mache ich, wenn es Störungen und Streit gibt? Wann ist es angesagt, eher freundlich moderierend einzugreifen – und wann braucht es eine klare Ansage? Und ich lernte, wie wichtig es ist, möglichst viele Leute mitzunehmen, wenn es darum geht, einen Veränderungsprozess erfolgreich anzustoßen. Manches musste geduldig erklärt oder zu Papier gebracht werden. Und es galt, Kontakt zur CDU und anderen politischen Organisationen zu halten.

Natürlich war auch der normale Bürobetrieb mit jeder Menge Schriftwechsel zu bewältigen. Zum Glück war ich nicht alleine, sondern es gab eine weitere Mitarbeiterin. Ohne Christina Kratz als gute Seele der Geschäftsstelle hätte das meiste nicht funktioniert. Für mich war es eine Herausforderung, so vieles gleichzeitig geregelt zu bekommen – ich erlebte eine wirklich spannende Zeit.

Die Junge Union Hessen wurde damals ehrenamtlich von Frank Gotthardt als Landesvorsitzendem geführt. Er war zunächst Landtagsabgeordneter, wurde dann Staatssekretär im Umweltministerium. Allein das war eigentlich ein Vollzeitjob. Dazu kamen die Erwartungen des Verbandes und neben den Vorstandssitzungen noch jede Menge weiterer Termine, zu denen sich die Ehrenamtlichen die Anwesenheit des Vorsitzenden wünschten: Kundgebungen, Podiumsdiskussionen, Jubiläumsfeiern, Feste und manches mehr. Frank hat das lange Zeit gestemmt, und ich habe ihn dabei begleitet oder auch mal vertreten. Natürlich kümmerte ich mich als hauptamtlicher Landesgeschäftsführer um die Organisation der Veranstaltungen, die Abläufe, die Presse- und Öffentlichkeitsarbeit. Aber ich war Angestellter und hatte kein politisches Mandat, meine Rolle war eine andere.

Irgendwann war klar: Die beruflichen Verpflichtungen als Staatssekretär und die ehrenamtlichen Anforderungen ließen sich für den derzeitigen Landesvorsitzenden kaum noch miteinander vereinbaren. Es brauchte perspektivisch eine andere Lösung.

Als die Frage im Raum stand, wer sein Nachfolger werden könnte, hat Frank Gotthardt vorgeschlagen: »Warum macht's eigentlich nicht der Peter?«

Ja, warum eigentlich nicht? Ich war ohnehin nahezu jeden Tag von früh bis spät für die Junge Union unterwegs, hatte politische Ämter in Wächtersbach und im Main-Kinzig-Kreis inne, kannte jeden Kreisvorsitzenden und auch die meisten Ortsvorsitzenden. Und mich reizte die Aufgabe. Nach einiger Überlegung sagte ich zu und stellte mich der Wahl. Mit großer Zustimmung wurde ich Landesvorsitzender der Jungen Union in Hessen.

Insgesamt stand ich acht Jahre lang an der Spitze des hessischen Verbandes, zwei Jahre als Landesgeschäftsführer und dann sechs Jahre als Vorsitzender. Es war eine Zeit, in der ich erneut viel gelernt habe und die mir viel bedeutet.

Immer wieder gab es in meinem politischen Leben Veränderungen und Chancen, die mehr oder weniger auf mich zukamen oder sich ergaben. Die meisten Ämter, die ich innehatte, wurden mir angetragen. Das macht vieles leichter. Andererseits lernt man eines nicht: sich ein Amt mit allen Mitteln zu erkämpfen. Das ist sonst in der Politik durchaus Alltag. Mir sind solche Kämpfe bis heute erspart geblieben, darüber bin ich froh.

Weil ich in die ehrenamtliche Position des Landesvorsitzenden wechselte, brauchte ich einen Broterwerb. So wurde ich 2003 persönlicher Referent der hessischen Kultusministerin Karin Wolff. Wieder kam ich in ein völlig anderes Umfeld. Die Ministerin hatte meist von früh bis spät Termine. Jeder dieser Termine musste abgestimmt und vorbereitet werden: Um was ging es genau? Welche Erwartungen hatten die Gesprächsteilnehmer? Wie viel Zeit musste eingeplant werden, wo sollte das Treffen am besten stattfinden? Welche Informationen und Unterlagen brauchte die Ministerin, um sich vorzubereiten und zu entscheiden? Und natürlich auch: Wer sollte oder musste in die Vorbereitung des Termins einbezogen werden? Politische Arbeit an sich ist, wenn man es richtig machen will, immer extrem komplex und zeitintensiv.

Karin Wolff war eine sehr anspruchsvolle Chefin, ich habe von ihr viel gelernt. Sie war direkt und sparte nicht mit Kritik, aber sie gewährte mir auch die notwendigen Freiräume für meine politische Arbeit. Gleich zu Beginn sagte sie mir: »Ich brauche niemanden, der mir den Koffer hinterherträgt.« Sie wollte jemanden, der ihr gut zuarbeitet und dafür sorgt, dass alles möglichst reibungslos läuft. Unvorbereitet zu einem

Termin zu erscheinen, das war völlig undenkbar. Begleitet habe ich Karin Wolff immer dann, wenn es protokollarisch notwendig erschien. Und sie hielt es aus, wenn ich in meiner politischen Funktion Positionen vertrat, die nicht im Einklang mit der Politik des Ministeriums standen. So war ich damals zum Beispiel ein vehementer Kritiker der Rechtschreibreform und habe die Einführung von Studiengebühren in Hessen durch die CDU lautstark kritisiert.

Die Zeit als persönlicher Referent war für mich sehr wertvoll, auch weil ich dadurch heute besser verstehe, wie sich meine Mitarbeiter fühlen, wenn sie mit mir unterwegs sind.

»Sie sind Historiker, Sie können das!«

Nach zwei Jahren stand ich wieder vor der Frage, wie es weitergeht. Sollte ich im Ministerium bleiben oder noch mal zurück an die Uni gehen? Weiterhin stand für mich fest, dass ich gerne promovieren würde. Nur die Frage nach dem idealen Zeitpunkt blieb offen.

Zu Beginn meiner Zeit als Landesgeschäftsführer der Jungen Union hatte ich die Idee, dass ich nebenbei promovieren könnte – aber das war letztlich völlig utopisch. Die Junge Union forderte mich ganz. Und auch in der neuen Aufgabe war definitiv keine Zeit übrig. Wie sollte ich neben dem anstrengenden Job im Ministerium und meinem ehrenamtlichen politischen Engagement noch eine Doktorarbeit schreiben?

Die Entscheidung fiel dann ziemlich schnell. Mein Doktorvater, der inzwischen emeritiert war, setzte mir quasi die

Pistole auf die Brust, als ich erneut mit ihm das Gespräch suchte. Es sei an der Zeit. Er wolle nach seiner Lehrtätigkeit auch die Begleitung von Doktoranden beenden, um sich ganz der Forschung zu widmen. Ich müsse mich nun entscheiden, wie ernst es mir mit der Promotion sei. Diese Klarheit hat mir sehr geholfen. In den nächsten beiden Jahren konzentrierte ich mich auf das Schreiben meiner Doktorarbeit. Dass ich das konnte, verdankte ich auch einem Stipendium der Hanns-Seidel-Stiftung. Und die erfolgreiche Promotion war der Punkt, an dem mein Vater sich endgültig mit meiner geisteswissenschaftlichen Laufbahn versöhnte.

Eines Tages, meine Doktorarbeit war fast fertig, traf ich auf einer Veranstaltung Friedrich Bohl, Vorstandsmitglied der Deutschen Vermögensberatung und ehemaliger Kanzleramtsminister von Helmut Kohl. Friedrich Bohl fragte mich: »Herr Tauber, was machen Sie eigentlich zurzeit?« Wir kamen ins Gespräch, und ich erklärte ihm, dass ich eigentlich nicht vorhätte, wieder ins Ministerium zurückzugehen. Aber eine rechte Idee, was ich stattdessen machen wollte, fehlte mir noch. Und wieder öffnete sich unerwartet eine Tür: »Dass Sie noch nicht wissen, wie es nach der Promotion für Sie weitergeht, passt gut. Ich suche einen Pressesprecher für unser Unternehmen. Können Sie sich vorstellen, eine solche Aufgabe zu übernehmen?« Ich war baff. Aber nein, das ging nicht. Ich war, wie mir schien, nicht für diese Aufgabe qualifiziert und bat mein Gegenüber um Verständnis, dass ich ablehnen müsse, weil ich von der Finanzbranche schlicht keine Ahnung hatte.

Friedrich Bohl ließ sich nicht beirren: »Sie sind doch Historiker! Sie können das, und Sie arbeiten sich schnell ein, das ist für Sie als Geisteswissenschaftler kein Problem.« Dass der Mann so großes Vertrauen in mich setzte, hat mir natürlich total geschmeichelt. Und ich wollte ihn keinesfalls enttäuschen.

Ich bekam die Stelle. Wenige Monate nach dem Abschluss meiner Promotion, im Frühjahr 2007, fing ich an, als Pressesprecher für die Deutsche Vermögensberatung zu arbeiten. Die Aufgabe war vielseitig und machte großen Spaß, nicht zuletzt wegen der tollen Kolleginnen und Kollegen und einem herausragenden Chef, von dem ich viel lernen konnte.

Friedrich Bohl ist in mehrerlei Hinsicht ein besonderer Mensch. Wenn er morgens mit dem Zug von Marburg in Frankfurt ankam, hatte er die *FAZ*, die *Süddeutsche Zeitung* und manches andere bereits gelesen, und so ging es im Büro direkt mit einer Besprechung der aktuellen Themen los. Schon frühmorgens war er eine Runde laufen gewesen. Sein Tagespensum war auch sonst anspruchsvoll. Mir imponierte das. Wenn der Chef sich so ins Zeug legte, dann musste man mitmachen. So begleitete ich Friedrich Bohl bei vielen Terminen quer durch die Republik und zu manchem Journalistentermin. Oft kam dabei auch das Gespräch auf seine Zeit als Kanzleramtsminister an der Seite Helmut Kohls. Seine Erzählungen beeindruckten mich tief.

Die Politik hatte mich ja trotz des neuen Jobs nicht losgelassen. Im Gegenteil. Ich war weiterhin engagiert und hatte verschiedene Aufgaben in der Partei inne. Und Landesvorsitzender der Jungen Union war ich ja auch noch, wenngleich

ich wusste, dass ich diese Aufgabe am Ende der laufenden Amtszeit abgeben würde. Doch Friedrich Bohl motivierte mich, weiterzumachen: »Ich weiß, dass Sie politisch aktiv sind. Sollte sich da eine Chance für Sie ergeben, dann nehmen Sie diese auf jeden Fall wahr. Sie haben meine volle Unterstützung!«

Nur wenige Wochen später war es dann so weit. Es ging um die Frage, wen man im Kreisverband als Kandidaten für die näher rückende Bundestagswahl 2009 aufstellen könnte. Und die Wahl fiel auf mich.

Viel Überzeugungsarbeit oder gar Ränkeschmiede, wie man das der Politik oft unterstellt, waren nicht nötig, um nominiert zu werden. Vermutlich, weil die CDU diesen Wahlkreis seit langer Zeit nicht mehr gewonnen hatte und man sich eh wenig Chancen ausrechnete. Da konnte man auch mal einen Jüngeren ranlassen, so dachten die Altvorderen wohl. Ich hatte also viel Glück – oder ich war einfach fleißig genug, und andere schätzten meinen Einsatz. Und die Unterstützung der jungen Generation in meiner Partei hatte ich. Als dann einige Monate später die ersten Plakate mit meinem Konterfei an nahezu allen großen Straßen und Plätzen von Hanau bis Gelnhausen hingen, hatte der Wahlkampf für die Bundestagswahl begonnen.

Nichts lieber als das

Ich bin Abgeordneter. Sie kennen sicher das Gefühl, wenn man merkt: Das ist es! Ich will nichts lieber machen als das. Sich dann mit Begeisterung an die Arbeit zu machen, sich in die neue Aufgabe mit Haut und Haar hineinzustürzen, das überschüttet uns mit Endorphinen, mit Glückshormonen. So wachsen uns ungeahnte Kräfte zu. Alles geht gut von der Hand, wir verspüren Rückenwind und ergreifen jede Chance, die sich uns bietet. Dann jagen wir immer weiter, nutzen die nächste Chance, und dann wieder eine … Es ist fast wie im Rausch. Vielleicht hat Winston Churchill deswegen einmal gesagt, Politik sei wie eine Droge.

Weil es so gut läuft, empfinde ich die Arbeit oft gar nicht als solche. Trotz langer Arbeitstage, oft mehr als 14 Stunden lang, bin ich am Abend nicht unzufrieden oder müde. Im Gegenteil. »Morgen geht's endlich weiter!«, denke ich. Die Liste mit Aufgaben des Tages ist nicht abgearbeitet, und schon sind neue Punkte hinzugekommen. Manch einer würde in einer solchen Situation vielleicht wegen der knappen Freizeit hadern und unzufrieden sein, dass kaum Zeit für anderes bleibt. Ich bilde mir ein, dass mir nichts fehlt. Es läuft ja alles wie am Schnürchen. Genauso fühle ich mich nach der Wahl in den Bundestag. Aber ich habe kaum Zeit für mich. Keine Ruhe. Für Fragezeichen auf der persönlichen Agenda ist gar kein Platz.

Man könnte denken, dass man sich mit längerem Vorlauf, vielleicht sogar monatelang, auf die neue Aufgabe als Bundestagsabgeordneter vorbereiten kann. Oder dass einem in der Woche nach der Wahl erst einmal ein dickes Paket mit Informationen zugestellt wird, damit man sich einlesen kann. Aber weit gefehlt. Wenn man zum Abgeordneten gewählt ist, bleibt keine Verschnaufpause, erst recht keine Zeit für Urlaub oder zumindest eine kurze Auszeit. Am Dienstag, also zwei Tage nach der Wahl, findet die erste Sitzung in Berlin statt. Jede Menge neue Fragen und Aufgaben stellen sich ein. Wo muss ich eigentlich genau hin? Was erwartet mich? Mit wem muss ich mich in Verbindung setzen?

Es bleibt nur noch der Montag, um mich bei all denen für ihre Unterstützung zu bedanken, die mir im Wahlkampf geholfen haben. Der Telefondraht glüht. Es ist auch der Tag, an dem sich die Lokalzeitung bei mir meldet, um mich zu fragen, wie ich mich gerade fühle und welche Pläne ich habe. Wie fühlt man sich? Euphorisch. Keine Zeit für Müdigkeit! Es geht ja auch direkt los.

Ich stehe am Bahnhof, der Zug fährt ein, und kurz darauf bin ich unterwegs in Richtung Hauptstadt. Während die Landschaft an mir vorbeizieht, denke ich an die letzten Wochen. Was für eine verrückte Zeit! Ich habe jede freie Minute in den Wahlkampf investiert, wenig geschlafen. Alles gegeben. Am Ende habe ich es geschafft.

Mein Job als Pressesprecher ruht erst einmal – für die Zeit im Bundestag muss mich mein Arbeitgeber ohne Bezahlung freistellen. Es bleibt die Dankbarkeit für die Chancen, die ich bekommen habe, und für einen Chef, der mir in jeder Hinsicht Mut gemacht hat. Der Abschied fällt so nicht schwer. Ich freue mich sehr auf das, was kommt! Friedrich Bohl weiß aus eigener Erfahrung, wie ich mich gerade fühle, und hält wieder einmal schützend die Hand über mich.

Kurz innehalten, einatmen, ausatmen. Ist das alles wahr? Jetzt nach Berlin zu reisen, um meinen Wahlkreis als Abgeordneter im Deutschen Bundestag zu vertreten, das ist noch völlig surreal. Zu wissen, ich habe nun einen Sitz und eine Stimme dort. Dazu die freudige Erwartung – auf die erste Sitzung, die erste Abstimmung, die erste Rede, die ich halten werde. In der Realität bin ich zunächst eher mit recht banalen Dingen beschäftigt: Wo übernachte ich? Wie weit ist es von dort bis zum Bundestag? Wie komme ich da überhaupt rein? Und wann genau muss ich noch mal da sein?

Ich hatte mir vorgenommen, wenigstens den Moment, in dem ich den Reichstag zum ersten Mal als Abgeordneter betrete, ganz intensiv wahrzunehmen. Doch leider regnet es an diesem Tag stark, sodass ich letztlich einfach schnell über den Friedrich-Ebert-Platz ins Gebäude hineinrenne, um nicht völlig durchnässt anzukommen. Als ich dann drinnen bin – trotzdem nass –, bleibe ich kurz stehen und denke: »Das hattest du etwas anders geplant!«

Der erste Tag ist unheimlich aufregend. Überall gibt es irgendetwas zu erledigen, auszufüllen, zu unterschreiben und abzugeben. Ich gehe schnellen Schrittes von einer zur anderen Stelle und muss aufpassen, nichts zu vergessen. So vieles gibt es zu bedenken und zu regeln.

Am nächsten Morgen stehe ich dann an der Pforte und bitte um Einlass. Wer ich sei, werde ich gefragt. Meine etwas unüberlegte Antwort: »Ich bin Abgeordneter!« Der Mann schaut mich etwas mitleidig an und sagt: »Was meinen Sie, wie viele hier ständig vorbeikommen und genau das Gleiche behaupten?« Ich muss lachen. Der Pförtner will natürlich meinen Namen wissen und schaut dann auf eine Liste. Da steht Tauber drauf. Und ich nehme mir vor: Nimm dich bloß nicht zu wichtig.

Die Informationsveranstaltung für neue Abgeordnete findet im Vorstandssaal der CDU/CSU-Fraktion statt. Dieser liegt in einem der Ecktürme des Deutschen Bundestages und ist mit einer Glasdecke ausgestattet, durch die ich an diesem Tag nach oben auf die wehende Deutschlandfahne blicke. Ich bin ein patriotischer Mensch. In diesem Moment denke ich nur: Wahnsinn! Ich darf hier sein. Für mein Land. Was für eine Ehre!

Die ersten Tage in Berlin bringen für mich überhaupt eine Vielzahl an Emotionen mit sich: Stolz, Motivation und Freude – die viele Bürokratie, über die man sich später als Abgeordneter schon mal ärgern wird, stört noch nicht. Zu stark sind die Eindrücke, zu groß ist die Begeisterung. Aber ich muss erst einmal ankommen und alles verstehen. Vielleicht habe ich auch einfach nur die falsche Sichtweise? Egal. Die fast kindliche Freude siegt.

Erinnern Sie sich an den Tag Ihrer Einschulung? Wie spannend alles war? Die neuen Klassenkameraden, die Lehrer, die Räume, die Sitzordnung, die Schultüte mit den Süßigkeiten? Unterricht, Klassenarbeiten, Noten, das erste Zeugnis – alles sehr spannend. Und irgendwann ist es normal. Man trabt jeden Morgen mehr oder weniger gut gelaunt in die Schule und freut sich auf die Klassenkameraden und die große Pause. Routine tritt ein. Es gibt Tage an denen es Spaß macht, aber auch den mühsamen Alltag.

So ähnlich ist es auch, wenn wir eine neue Arbeitsstelle antreten. Und so geht es nun mir.

Es ist natürlich nicht wie in der Schule. Man wird nicht an die Hand genommen und bekommt alles erklärt, sondern man muss sich das Meiste selbst erschließen. Keiner sagt einem: »Sie müssen jetzt Mitarbeiter einstellen!« Man bekommt nur den Hinweis, dass man sich, wenn man dies beabsichtigt, an die Personalabteilung des Bundestages wenden muss. Budgetfragen sind zu erörtern, welche Position wie dotiert wird und was man potenziellen Mitarbeitern üblicherweise als Gehalt in Aussicht stellen kann.

Das persönliche Team ist sehr wichtig. Es geht um die notwendigen Kompetenzen, aber auch um Vertrauen. Nichts wäre schlimmer, als mit einer Mannschaft zu starten, die sich nicht »grün« ist. Mir ist klar, dass ich vor allem zwei Menschen unbedingt dabeihaben will: Zum einen denke ich an Melanie Hutter, eine extrem zuverlässige Kraft, die zu Hause auf der CDU-Kreisgeschäftsstelle arbeitet. Sie ist alleinerziehend, ihr Sohn wurde gerade eingeschult. Schon während des Wahlkampfes hatte ich zu ihr gesagt: »Wenn es klappt, nehme ich dich mit nach Berlin!« Das hat sie allerdings nicht richtig ernst genommen. Und dann habe ich am Tag nach der Wahl zu ihr gesagt: »Melanie, du musst mitkommen.« Zuerst hat sie mich angeschaut und gesagt: »Das meinst du doch nicht ernst, oder?« Und dann hat sie spontan zugesagt. Ich habe einen Riesenrespekt, dass sie diesen mutigen Schritt wagt. Sie ist bis heute das Rückgrat des Büros. Deswegen nennen sie alle auch nur Mutter Hutter – nicht nur, weil es sich so schön reimt. Die zweite Person ist Max Schad. Er hat gerade sein Studium abgeschlossen und im Wahlkampf wahrscheinlich weniger geschlafen als ich, so engagiert war er bei der Sache. Ein echter Macher.

Als Drittes wähle ich einen erfahrenen Mitarbeiter, der schon jahrelang im Bundestag tätig ist und die Abläufe gut kennt. Der Abgeordnete, für den er bislang gearbeitet hat, ist ausgeschieden.

In Gelnhausen wird Konstantin Kurt das Wahlkreisbüro übernehmen. Auch für ihn ist es ein Neuanfang, denn die Firma, bei der er arbeitete, hat Kurzarbeit angeordnet. Er muss sich umorientieren. Wir kannten uns schon lange, im Wahlkampf hat er freiwillig mitgeholfen. Nun soll er auch hauptamtlich einsteigen. Das Team steht. Jetzt kann es losgehen.

Alles ist neu. Alles ist besonders. Ich bin begeistert von der neuen Aufgabe und will möglichst alles richtig machen. Zum Beispiel wollen wir es als Team schaffen, Bürgeranfragen innerhalb von 24 Stunden zu beantworten. Das ist gut gemeint, aber letztlich völlig illusorisch, weil die Anfragen oft komplexe Sachverhalte betreffen. So schnell können wir die Dinge gar nicht recherchieren. Und es sind auch viel zu viele Anfragen. Wir sind ja nur zu dritt. Aber klar: Am Anfang will man es anders und vor allem besser machen als die Vorgänger. Natürlich wird man dabei immer wieder von der Realität eingeholt. Diesen Job will ich jedenfalls so gut machen wie nur irgend möglich. Jede freie Minute setze ich dafür ein. Ich bin stolz, meine Heimat in der Hauptstadt repräsentieren zu dürfen, und mir ist voll bewusst, wie groß die Verantwortung ist, die ich mit gerade Mal Mitte 30 übernommen habe.

Die Wahl in den Deutschen Bundestag ist eine große Ehre. Keinen, der mich gewählt hat, will ich enttäuschen – auch alle anderen nicht. Geht das überhaupt? Ich hinterfrage das zu diesem Zeitpunkt nicht. Alles wird dem großen Ziel untergeordnet. Dass ich deshalb anderes vernachlässige, dass ich Freunde und Familie hintenanstelle, wird mir nicht bewusst. Von einer Achtsamkeit mir selbst gegenüber ganz zu schweigen. Ein Fehler, den ich erst viel später bemerke.

»Alles klar, dann macht er das.«

Zu Beginn einer Legislaturperiode werden unter den Abgeordneten der jeweiligen Fraktion die Themen verteilt, für die man in den nächsten vier Jahren zuständig ist. Dabei spielt Erfahrung ebenso eine Rolle wie die berufliche Qualifikation, die man mitbringt. Aber auch politische Macht und die Frage, aus welchem Landesverband man kommt, sind ausschlaggebend.

Die Vorsitzenden der Landesgruppen treffen sich und verteilen die Zuständigkeiten für die jeweiligen Arbeitsbereiche unter den Abgeordneten. Vorher darf jeder eine Art Wunschliste abgeben. Einige der Aufgaben, die verteilt werden, sind sehr begehrt. Vielleicht, weil man sie als besonders wichtig einschätzt. Anderes ist weniger beliebt – muss aber auch gemacht werden.

Manche träumen gleich von den vermeintlich besonders wichtigen Ausschüssen, wie dem Haushaltsausschuss. Meine Wunschliste ist bescheidener oder, besser gesagt, realistischer. Ganz oben steht der Ausschuss für Familie, Frauen, Senioren und Jugend. Der Verteidigungsausschuss ist keine echte Option, obwohl mich das auch reizen würde. Aber ich weiß, da sind schon zu viele Hessen drin. Keine Chance, hier einen Posten zu bekommen. Hinten anstellen ist angesagt, aber mir macht das nichts aus.

Nachdem alle Wünsche vorliegen, beginnen die Verhandlungen zwischen den Vorsitzenden der CDU-Landesgruppen, den sogenannten »Teppichhändlern«. Ich war nie dabei, aber man kann sich die Gespräche wahrscheinlich ungefähr so vorstellen:

»Ich habe hier einen neuen Abgeordneten, der sucht eine Aufgabe …«

»Okay, der geht in den Petitionsausschuss!«

»Und hier ist noch einer, der würde gerne in den Verteidigungsausschuss.«

»Aber da sind doch schon zwei Hessen drin.«

»Okay, dann nehmen wir dessen Zweitwunsch, Entwicklungshilfe.«

»Alles klar, dann macht er das.«

Irgendwann kommt Dr. Michael Meister, der Vorsitzende meiner Landesgruppe, und überreicht mir einen Zettel mit den Themen, um die ich mich fortan kümmern werde. Ich bin Mitglied im Ausschuss für Familie, Senioren, Frauen und Jugend. Außerdem stellvertretendes Mitglied im Ausschuss

Arbeit und Soziales. Später werde ich Verantwortung für zwei weitere Ausschüsse wahrnehmen. Das ist zeitlich kaum zu leisten. Aber ich sage trotzdem nicht Nein, auch nicht, als ich zusätzlich Mitglied einer neu eingerichteten Enquetekommission des Bundestages zur Zukunft der digitalen Gesellschaft werde.

Im Familienausschuss gibt es eine Fülle von sogenannten Berichterstatterpositionen, die auf die Mitglieder verteilt werden. Die Themen, die ich übernehmen darf, finde ich spannend: Freiwilligendienste, Ehrenamt, Kinderarmut und Kinderrechte, das Asylbewerberleistungsrecht und noch einiges mehr stehen auf meiner Liste.

Es gibt keinen Aktenordner mit allen relevanten Unterlagen, die mir jemand nun vorbeibringt. Ich fange bei null an. Die Themenfelder sind ohnehin ziemlich in Bewegung, es würde wenig bringen, ältere Akten zu studieren. Zum Glück muss man ja nicht alles alleine machen. Man hat ein eigenes Büro, fleißige Mitarbeiter, jedes Thema ist einem Ministerium zugeordnet, bei dem man sich informieren kann. Natürlich gibt das Ministerium vor allem die Unterlagen heraus, die die Haltung der Verwaltung und des jeweiligen Ministers stützen. Wenn man das kritisch hinterfragen will, dann braucht es andere Quellen. Zum Beispiel die Lobbyisten der vielen Sozialverbände und Unternehmen.

Ich habe nie viel davon gehalten, Interessensvertreter pauschal zu attackieren. Es gibt da solche und solche. Mit meinem kleinen Büro bin ich auf externen Sachverstand angewiesen, wenn ich mit dem großen Verwaltungsapparat eines Ministeriums mithalten will. Aber ich prüfe immer mehrere

Quellen. Schließlich möchte ich nicht nur alles einfach abnicken, was mir vorgelegt wird.

Das Freiwillige Soziale Jahr oder ein freiwilliges Jahr im Ausland führen angesichts der Wehrpflicht und des Zivildienstes eher ein Nischendasein. Vor allem die jungen Frauen sind hier am Zug. Sie stellen einen großen Teil der Freiwilligen. Welche Rahmenbedingungen hat dieses Freiwilligenjahr im Detail? Wie kann es attraktiver gemacht werden? Welche Zuschüsse zahlt der Bund, und welche Organisationen bieten überhaupt ein solches Jahr an? Jede Menge Fragen, in die ich mich einarbeiten muss.

Ich finde es spannend, dass einige Themen, um die ich mich kümmere, im Laufe der Jahre ganz unerwartet an Relevanz gewinnen. Für Freiwilligendienste hat sich im Jahr 2009 ja noch kaum jemand interessiert. Als ein Jahr später relativ unerwartet die Wehrpflicht ausgesetzt und gleichzeitig der Zivildienst abgeschafft wird, fragen sich sehr viele Organisationen, die bislang auf die fleißigen Zivis gesetzt haben: »Was machen wir denn jetzt?« Denn der Bund kann aus rechtlichen Gründen das bestehende Freiwillige Soziale Jahr nur anteilig finanzieren. Dann steht sehr schnell fest: »Es braucht einen Bundesfreiwilligendienst!« Wir nehmen richtig Geld in die Hand, damit möglichst viele Menschen ein Jahr lang freiwillig etwas für unsere Gesellschaft leisten. Und dieser Dienst steht künftig Männern und Frauen, Jung und Alt offen. Eine tolle Sache, wie ich finde.

Die Skeptiker, die sagen, dass es angesichts der Lage auf dem Arbeitsmarkt und des demografischen Wandels gar nicht genug Freiwillige geben würde, werden Lügen gestraft.

Bis heute könnte der Bund gemeinsam mit den jeweiligen Organisationen, die die freiwilligen Helfer einsetzen, eine viel größere Zahl an Menschen finanzieren. Es gibt mehr Bewerber als Dienststellen. Eine richtig gute Nachricht für den Zusammenhalt in unserem Land. Auf jeden Fall bin ich plötzlich mit meinem Spezialgebiet, in das ich mich zwischenzeitlich gut eingearbeitet habe, total gefragt.

Mein zweites großes Thema ist das Betreuungsgeld. Es gibt eine große Kontroverse darum, auch innerhalb meiner Partei. Die eine Hälfte meiner Fraktion will dazu nicht im Bundestag sprechen, weil sie selbst nicht wirklich überzeugt sind. Die andere Hälfte hält sich wegen der heftigen Attacken der politischen Gegner zurück. Stichwort »Herdprämie«! Nur ganz wenige verteidigen das Betreuungsgeld mit Inbrunst. Ich bin ebenfalls dafür, denn ich finde, dass junge Eltern selbst entscheiden sollen, ob beide berufstätig sind, oder sich einer von ihnen eine Auszeit für den Nachwuchs nimmt. Die Diffamierung bestimmter Lebensmodelle durch SPD und Grüne finde ich grundfalsch. Weil ich die Chance sehe, das Ganze etwas differenzierter zu betrachten, als es andere bislang tun, beziehe ich Position.

Gerade ist die Piratenpartei dabei, vor allem jüngere und technikaffine Menschen mit ihrem Programm anzusprechen. Manche denken, dass sie damit das politische System, ähnlich wie in den 80er-Jahren die Grünen, völlig auf den Kopf stellen werden. So kommt innerhalb meiner Fraktion die Frage auf: »Wer kennt sich gut mit dem Thema Internet aus?«

Unter den Blinden ist der Einäugige bekanntlich König. Im Wahlkampf habe ich mich mit Digitalisierung beschäftigt und soziale Netzwerke intensiv als Kommunikationsplattform genutzt. So lande ich in der Enquetekommission »Internet und digitale Gesellschaft«, die der Bundestag einsetzt, und beteilige mich in den folgenden Jahren an verschiedenen Stellen aktiv an der Debatte. Das Thema liegt mir ganz persönlich stark am Herzen – es wird uns alle zunehmend beschäftigen, weil die neuen technischen Möglichkeiten nicht nur jede Menge Chancen mit sich bringen, sondern auch einen in der letzten Konsequenz nicht prognostizierbaren gesellschaftlichen Wandel auslösen. Mir ist klar: Die CDU muss in diesem Bereich dringend aktiv werden und steuernd eingreifen, sonst verlieren wir Schuhe und Strümpfe, wie man so schön sagt. Es geht um fachliche Kompetenz, wirtschaftliche Fragen und die beruflichen Perspektiven der kommenden Generationen. Aber auch in der Kommunikation nach außen muss die Partei dringend etwas tun. Es ist eine Chance, mittels der sozialen Netzwerke Menschen direkt zu erreichen. Die kann und muss man nutzen.

In diesem Zusammenhang findet auch meine erste persönliche Begegnung mit Angela Merkel im Konrad-Adenauer-Haus statt. Sie spricht mit einem anderen Abgeordneten, der früher ein IT-Unternehmen geleitet hat, und mir ausführlich darüber, wie bestimmte Technologien funktionieren und welche gesellschaftspolitischen Auswirkungen die zunehmende Digitalisierung aus unserer Sicht haben könnte. Man merkt, wie neugierig Angela Merkel auf das Thema ist.

Als wir wieder vor der Tür des Besprechungsraumes stehen, sagt mein Kollege unvermittelt: »Ich glaube, die findet dich gut.« Mir ist das nicht aufgefallen. Aber der Gedanke bleibt hängen.

Eine wichtige Aufgabe als Abgeordneter ist es natürlich auch, für seine Heimatregion aktiv zu werden, Kontakte zu knüpfen und Projekte anzuschieben. Beispielsweise hat das Familienministerium gerade ein Programm für Mehrgenerationenhäuser aufgelegt. Das finde ich richtig toll – ich möchte gerne, dass auch das Mehrgenerationenhaus in unserer Region davon profitiert. Als ich die Mitteilung bekomme: »Ihre Kommune ist auf der Liste«, freue ich mich sehr. Das Haus, genannt der »Kleine Anton«, steht ganz in der Nähe meiner Heimatstadt – in Rothenbergen, einem Ortsteil von Gründau. Es ist eines der ersten Projekte, über die ich sagen kann: »Der Einsatz hat sich gelohnt. Toll, dass das geklappt hat.«

Natürlich wird vieles leider nicht so schnell oder so konkret sichtbar. Häufig führt man komplexe, schwierige, bisweilen auch abstrakte Debatten. Und es dauert lange, bis sich etwas verändert oder überhaupt eine Entscheidung getroffen wird, mit dem Projekt zu starten.

Zu sensiblen Themen wie der Präimplantationsdiagnostik gibt es immer wieder, neben den Sitzungen und Debatten in Berlin, auch Veranstaltungen in der Heimatregion. Die Menschen vor Ort beschäftigen solche übergeordneten Fragen sehr, und es ist wichtig, möglichst alle relevanten Aspekte auf breiter Basis zu diskutieren, damit sich am Ende keiner überfahren fühlt. Auch die persönlichen Kontakte, vor allem zu den langjährig erfahrenen Abgeordneten, spielen eine wichtige Rolle in der Politik. Sie haben ein gutes Gespür, was dran ist, was jetzt angeschoben werden sollte – oder wo es besser abzuwarten gilt, weil andere Entwicklungen dem Vorhaben in die Quere kommen könnten. Man lernt, dass es nicht nur auf die richtige Idee ankommt, sondern auf den richtigen Zeitpunkt. Das wird mir bei meinem Vorstoß für ein Einwanderungsgesetz Jahre später wieder bewusst werden. Kontakte aufzubauen braucht viel Zeit. Vertrauen wächst langsam.

Natürlich gibt es in meinen ersten vier Jahren als Abgeordneter im Deutschen Bundestag viele Momente, in denen etwas nicht klappt und ich mich ärgere. Aber ich lerne schnell, derartige »Misserfolge« möglichst rasch abzuhaken. Damit will ich mich nicht länger aufhalten als nötig. Unklug ist nur, dass ich das genauso mit den Dingen mache, aus denen ich eigentlich Kraft und Freude ziehen könnte. Aber die Taktung ist schnell. Es bleibt zu wenig Zeit für viel zu viele Vorhaben – und auch für meine eigenen Bedürfnisse.

Zehn Kilometer am Tag

Während der Sitzungswochen lebe ich von Montag bis Freitag in Berlin, am Wochenende fahre ich mit dem Zug zurück nach Gelnhausen. Natürlich ist es nicht so, dass man morgens um neun im Büro aufschlägt und nach acht Stunden nach Hause geht. Der Tag beginnt meist recht früh, und das »Programm« reicht bis spät in den Abend: Sitzungen, Gespräche unter vier oder sechs Augen, Empfänge, Diskussionsrunden, parlamentarische Abende, Treffen der Arbeitsgruppen, Fraktionssitzungen und natürlich Plenumsveranstaltungen … Oftmals findet danach, dabei oder davor noch ein Essen mit Kollegen statt. Es passiert mir öfter, dass ich erst kurz vor

Mitternacht zu Hause bin und am anderen Morgen gleich um halb acht der nächste Termin ansteht. Mein Büro spricht dann von einem durchgetakteten Tag.

Vorm Schlafengehen noch schnell ein Schokoriegel. Etwas anderes habe ich gerade nicht im sehr übersichtlichen Kühlschrank. Böse Zungen behaupten, man erkenne bei Abgeordneten die im Parlament verbrachten Jahre am Bauchumfang. Das ist nicht ganz falsch, zumindest bei mir. Kontinuierlich nehme ich pro Jahr rund 2,5 Kilo zu, zehn Kilo in den ersten vier Jahren. Das trägt nicht zu meinem Wohlbefinden bei.

Im Reichstag geht es zu wie im Bienenstock. Manchmal rennt man für 10 bis 15 Minuten irgendwohin, um bei einer Sitzung die Mehrheit zu sichern. Oder man unterbricht eine Beratung, um anderen Ortes bei einer Abstimmung dabei zu sein. Das Terrain ist weitläufig. Schier endlose Flure und Treppenhäuser liegen zwischen den verschiedenen Sitzungssälen und Büros, ein unterirdischer Tunnel verbindet die Abgeordnetenbüros mit dem Reichstag. Dazwischen die Spree.

Es gilt, Vertraulichkeit zu wahren, klug zu agieren, einfühlsam zuzuhören und klar Position zu beziehen, wenn es an der Zeit ist. Die Aufgaben eines Abgeordneten sind wirklich unglaublich vielseitig.

Einige Monate habe ich einen Schrittzähler in der Tasche. Alleine durch das Hin- und Herlaufen komme ich am Tag im Schnitt auf ungefähr zehn Kilometer Strecke – von A nach B, von Sitzungssaal zu Sitzungssaal, von Gebäude zu Gebäude, von Besprechung zu Besprechung. Zwischendurch immer mal kurz zurück ins eigene Büro, um etwas abzugeben oder zu holen, Briefe zu unterschreiben und sich mit Mitarbeitern in Detailfragen neu abzustimmen. Abends weiß man dann manchmal kaum noch, in welcher Reihenfolge man eigentlich wo gewesen ist. Mein Mobiltelefon mit dem digitalen Kalender und den Kontakten nenne ich ironisch meine elektronische Fußfessel.

Am Wochenende in Gelnhausen zu sein heißt natürlich nicht, dass man dann einfach zwei Tage frei hat. Manchmal versuche ich, freitags so aus Berlin wegzukommen, dass ich um 20 Uhr noch einen Termin im Wahlkreis wahrnehmen kann. Das klappt leider oftmals nicht, weil die Sitzung in Berlin dann doch zu lange dauert. Dann ärgere ich mich. Denn es ist mir wichtig, den Menschen in der Heimat zu zeigen, dass ich weiterhin regelmäßig vor Ort bin. Am Wochenende versuche ich, möglichst viele Veranstaltungen wahrzunehmen: Feste zu besuchen, bei Vereinstreffen dabei zu sein, Jubilare zu ehren oder einfach zum Sommerfest oder der Weihnachtsfeier meiner CDU vor Ort zu gehen. Apropos Weihnachten. Das ist für mich die beste Zeit im Jahr. Ich entziehe mich dem typischen Trubel, mag die Stille, die Kerzen und vor allem die Leckereien. Und es ist die einzige Zeit, in der ich etwas Ruhe habe und Gelassenheit spüre. Wie schön ist das.

Ich fühle mich am Ende des vierten Jahres gut, bin stolz auf das Erreichte, auch wenn ich ziemlich müde bin. Mir ist bewusst, dass ich in den letzten Jahren, seit ich in Berlin arbeite, kaum einen Tag Urlaub genommen habe. Das ist anscheinend der Preis. Aber es hat sich gelohnt, daran zweifle ich in diesem Moment nicht, auch wenn ich eigentlich weiß, dass jeder Mensch regelmäßige Ruhezeiten braucht. Freiräume, in denen die eigene Seele zu ihrem Recht kommt.

»Ja, ohne jedes Aber«

Politik ist ein Knochenjob. Man muss sehr viel Einsatz bringen, wenn man wirklich etwas bewegen will. Und das ist mein Ziel! Beinahe würde ich sagen »um jeden Preis«. Einfach, weil es meine Sache ist, weil es mir Freude macht, mich Tag für Tag aufs Neue begeistert.

Politisches Engagement kostet viel Kraft, raubt einem den Schlaf, lässt in meinem Fall nur wenig Platz für die Pflege von Freundschaften oder Beziehungen. Daran bin ich allerdings selbst schuld. Ich sage Einladungen zu Geburtstagen ab, nehme keine oder viel zu wenig Rücksicht auf meine Familie. Die erträgt das und schimpft nicht, darum wird mir das nicht so recht bewusst. Aber ist es das wert? Ich habe die Frage für mich lange Zeit mit »Ja« beantwortet. Mit einem klaren »Ja«, ohne jedes »Aber«, weil ich gemerkt habe, dass ich auch sehr viel zurückbekomme. Als Bundestagsabgeordneter hat man die Möglichkeit, ganz besondere Menschen und Situationen zu erleben.

Ein bewegender Moment ist für mich etwa die Begegnung mit Papst Benedikt XVI., den ich bei einer Audienz in Rom erlebe. Meine Mutter ist evangelische Religionslehrerin und ein großer Fan des Pontifex. Sie findet seine theologischen Auslegungen unheimlich interessant und liest alle seine Bücher. Die Art und Weise, wie die Deutschen mit »ihrem« Papst umgegangen sind, ist für sie befremdlich. Ich teile ihre Sichtweise.

Bevor ich in den Bundestag gewählt wurde, erkrankte meine Mutter leider schwer und musste mehrere Herz-Operationen über sich ergehen lassen. Es war nicht klar, wie lange sie noch leben würde. Aber sie hat sich nicht unterkriegen lassen. Wir waren alle froh darüber.

Als ich erfahre, dass einige Abgeordnete mit dem Kardinal-Höffner-Kreis nach Rom fahren, kommt mir spontan der Gedanke, dass ich diese Reise gerne mit meiner Mutter gemeinsam antreten würde, um ihr eine Freude zu machen. Eine Romreise und eine Audienz bei Papst Benedikt – das wäre für sie etwas sehr Besonderes. Die Kollegen sind meiner Bitte gegenüber aufgeschlossen.

Der Kreis ist eine Verbindung katholischer Abgeordneter aus meiner Fraktion. Wohl auch aufgrund der Idee mit meiner Mutter darf ich als überzeugter Protestant mitfahren. Dafür bin ich sehr dankbar. Doch es kommt letztlich alles anders. Denn meine Mutter ist gesundheitlich nicht in der Lage, die Reise anzutreten. Zwei Tage vor dem geplanten Abflug nach Rom muss sie alles absagen. Mein erster Gedanke: »Dann bleibe ich auch zu Hause.« Aber meine Mutter drängt: »Doch, du musst mitfahren. Für mich.« Das mache ich dann auch.

Wenn man Papst Benedikt gegenübersteht und dieser einem die Hand gibt, ist dies wirklich etwas ganz Besonderes. Ein Moment, den ich so schnell nicht vergessen werde.

Und an noch etwas, was auf dieser Reise passierte, werde ich mich noch lange erinnern: Einer meiner Reisegefährten fragt mich ernsthaft, ob ich nicht zum katholischen Glauben konvertieren möchte. Den Abwerbeversuch nehme ich sportlich und lehne dankend ab. Mit einem Augenzwinkern füge ich noch hinzu: »Einer muss euch ja immer wieder an Luther erinnern!« Die kleine Büste von Benedikt, die ich meiner

Mutter als Andenken mitbringe, steht seitdem auf ihrem Ehrenplatz, einem Schrank im Wohnzimmer meiner Eltern.

Während der ersten Legislaturperiode unternehme ich auch eine Reise nach Afghanistan und besuche die dort stationierten deutschen Soldaten, weil ich mir selbst ein Bild von allem machen möchte. Die Landschaft dort ist schön und unwirtlich zugleich, eine völlig andere Welt. Man wird demütig, wenn man unsere Probleme und Sorgen mit denen der Menschen dort vergleicht.

Mich ärgert, wie in deutschen Medien oft über die Bundeswehr gesprochen wird. Mit Häme und Missgunst, anstatt mit dem berechtigten Stolz, denn da stellen sich Männer und Frauen in den Dienst unseres Landes, sind bereit, ihr Leben einzusetzen, und leisten Großartiges. Besonders fasziniert mich die Ernsthaftigkeit, mit der die Menschen in Afghanistan versuchen, das Land wieder auf die Beine zu stellen. Und die Arbeit der Militärseelsorge ist kaum mit Worten zu beschreiben. Ich kann verstehen, dass manche Kameraden dadurch zum Glauben finden oder ihn wieder für sich entdecken. In Extremsituationen wird man auf sich selbst zurückgeworfen. Da braucht es Hilfe und Unterstützung von anderen Menschen oder eben vom lieben Gott.

»Die Chefin will dich sehen!«

2013 steht die nächste Bundestagswahl an und damit die erneute Abstimmung über mein Mandat als Abgeordneter des Wahlkreises. Wieder gehen mein Team und ich mit viel Engagement in den Wahlkampf. Wochenlang bin ich auf Tour, spreche auf Veranstaltungen und Marktplätzen mit den Menschen. Schon im Sommer geht es los. Bei guter Stimmung und Sonnenschein verteilen wir Sonnencreme in den Schwimmbädern. »Jetzt nicht rot werden« ist der Slogan. Passend dazu gibt es ein buntes, gezeichnetes Plakat in Form eines großen Wimmelbildes, auf dem alle Orte und bekannte Persönlichkeiten aus dem Wahlkreis auftauchen. Das Bild ist so beliebt, dass es in vielen Kinderzimmern landet. Unser Wahlkampf kommt an. Es wird gelacht, es gibt viele offene und gute Gespräche und nicht nur harte Diskussionen und politischen Streit. Das gefällt mir. Für die letzten Wochen lassen wir uns etwas Besonderes einfallen: In jedem Ort hängt ein anderes Wahlplakat. Natürlich ist immer mein Konterfei zu sehen, aber als Kulisse wählen wir jeweils einen markanten Platz in der Kommune. Selten entscheiden wir uns für die örtliche Sehenswürdigkeit, sondern meist für einen Platz, mit dem sich die Menschen gerne identifizieren. Die Botschaft kommt an. Mit einem sensationellen Ergebnis von 48,8 Prozent der Erststimmen werde ich wiedergewählt. Auf in eine neue Runde.

Auch die CDU kann einen fulminanten Wahlsieg einfahren und holt auf Bundesebene 41,3 Prozent der Stimmen. Es fehlen nur sechs Mandate zur absoluten Mehrheit im Parlament. Ein phänomenales Ergebnis, das die Messlatte für zukünftige Wahlen unglaublich hoch legt. Unerreichbar hoch. Denn den Erfolg verdankt die Partei maßgeblich einer Person: Angela Merkel. Und die Partei leidet bis heute darunter, dass sie nicht verstanden hat, dass dieses Ergebnis von über 40 Prozent die Ausnahme war und nicht die Regel.

Aber natürlich gibt ein solches Ergebnis erst einmal Rückenwind für die lokalen CDU-Kandidatinnen und Kandidaten. Auch ich habe davon unheimlich profitiert, da mache ich mir nichts vor. Einen kleinen Beitrag habe ich aber sicher selbst geleistet.

Während ich 2009 nach der Wahl bei den Koalitionsgesprächen nur Zuschauer war, bekomme ich jetzt den Auftrag, das Thema Digitalisierung maßgeblich mitzuverhandeln.

Die Sitzungen sind anstrengend. Wir haben nicht nur heftige Diskussionen mit der SPD, es mischen sich auch andere CDU-Arbeitsgruppen ein. Oft sind nur kleine Schritte und Kompromisse möglich. Unzufrieden bin ich trotzdem nicht, denn künftig wird es einen eigenen Ausschuss für Digitalisierung im Bundestag geben, viele wichtige Projekte nehmen dadurch ihren Anfang. Als der Koalitionsvertrag unter Dach und Fach ist, geht es in der zweiten Dezemberwoche endlich nach Gelnhausen.

Wenn ich ehrlich bin, dann merke ich, dass eine ordentliche Pause dringend notwendig ist. Jetzt ist Urlaub angesagt, so mein fester Vorsatz. Die letzten vier Jahre lang habe ich mir höchstens mal für ein verlängertes Wochenende eine Auszeit genommen.

Bis zum 15. Januar will ich einige Wochen ausspannen und viel Zeit mit Freunden und der Familie verbringen. Voller

Vorfreude steige ich am Berliner Hauptbahnhof in den Zug. Am späten Nachmittag bin ich zu Hause. Endlich!

Am 12. Dezember mache ich wie jedes Jahr eine kleine Tour durch meinen Wahlkreis. Das habe ich mir so angewöhnt. Vor Weihnachten bringe ich Freunden eine kleine Aufmerksamkeit, sage mal wieder »Hallo«, bedanke mich bei vielen anderen Menschen für ihre Unterstützung, verteile Geschenke, bringe Schokonikoläuse in einer Kindertagesstätte vorbei, die das Behindertenwerk betreibt, und manches mehr. Zwischendurch Telefonate, mal auf Twitter schauen und ein Foto auf Facebook posten. Irgendwann macht der Akku von meinem Smartphone schlapp. Das passiert mir öfter, aber heute ist es nicht so wild, denke ich. Ich bin ja in drei Stunden daheim.

Als das Mobiltelefon nach dem Aufladen wieder betriebsbereit ist, sehe ich zahlreiche unbeantwortete Anrufe und sehr viele Nachrichten von meinem Büro auf dem Handy. Auf allen Kanälen haben meine Mitarbeiter versucht, mich zu erreichen: E-Mail, SMS, WhatsApp, Facebook. Leider hat mir keiner geschrieben, was eigentlich los ist, nur, dass ich mich unbedingt melden soll. Ich rufe bei Melanie, meiner Sekretärin an. Sie ist ganz aufgeregt: »Du, Peter, das Kanzleramt hat angerufen. Die Chefin will dich sehen. Du sollst, wenn du es dir irgendwie einrichten kannst, morgen im Bundeskanzleramt sein!«

Mein erster Reflex ist ein laut gedachtes »Nein!«. Ich komme doch gerade erst aus Berlin. Und ich will da so schnell nicht wieder hin, ich habe mich so auf die Zeit zu Hause gefreut! Was soll das jetzt? Aber dann sickert der Gedanke durch: Die Kanzlerin will mit mir sprechen. Das ist ja kein Wunsch im eigentlichen Sinne. Eher so eine Art Einberufungsbescheid. Zumindest empfinde ich das so. Absagen kommt nicht infrage.

Der nächste Gedanke: Habe ich etwas falsch gemacht? Aber mir fällt nichts ein. Und zum anderen denke ich: Wenn ich etwas angestellt hätte, dann würde mir sicher nicht die Kanzlerin persönlich »den Kopf waschen«, sondern einer ihrer Mitarbeiter.

Aber was soll sonst sein – noch dazu kurz vor den Weihnachtsfeiertagen? Mir ist natürlich klar, dass jetzt die Zeit der Personalentscheidungen ist. Allerdings kann ich mir kaum vorstellen, dass ich im Bundeskanzleramt auf einer Liste stehe.

Es macht keinen Sinn, sich allzu viele Gedanken zu machen. Ich fliege am nächsten Vormittag zurück nach Berlin und nehme extra einen Flug früher, damit ich pünktlich bin. Man weiß ja nie. Es stellt sich heraus, dass dies klug ist. Mein Flug von Frankfurt nach Berlin hat witterungsbedingt eineinhalb Stunden Verspätung, sodass ich am Ende nur zehn Minuten vor dem avisierten Termin – aufgeregt und leicht außer Atem – das Kanzleramt am Spreeufer erreiche.

Ich warte wenige Minuten vor dem Büro der Kanzlerin, bis sie mich freundlich begrüßt und hereinbittet. Wir setzen uns, vor uns steht Kaffee. Angela Merkel bietet mir eine Tasse an, die ich gerne annehme. Dann eröffnet sie das Gespräch mit einer Frage: »Was denken Sie, warum Sie hier sind?« Na super. Was soll man denn darauf antworten? Ich bilde mir ein, schlagfertig zu sein. Aber jetzt sitze ich irgendwie neben mir.

Zum Weihnachtswichteln bin ich sicher nicht hier, schießt es mir durch den Kopf, aber das traue ich mich natürlich nicht zu sagen. Oder habe ich es doch gesagt? Ich bin irgendwie paralysiert. Jetzt mit so einer Frage hier im Büro der Kanzlerin der Bundesrepublik Deutschland zu sitzen, ist irgendwie total irreal. Dass ich nervös bin, ist leicht untertrieben. Und ich dachte, mich könne so leicht nichts aus der Ruhe bringen.

Was soll ich sagen? Ich habe nicht die leiseste Ahnung, um was es gehen könnte. Den Gedanken an eine hervorgehobene politische Position, wie sie nur die Kanzlerin vergibt, habe ich auch deswegen nicht zugelassen, weil ich nicht enttäuscht sein will, wenn es am Ende um etwas ganz anderes geht. Aber eine Idee habe ich dann doch: Ob sie mich vielleicht fragen möchte, ob ich Staatssekretär für Digitalisierung werden will? Etwas anderes kann ich mir beim besten Willen nicht vorstellen.

Während ich mit der Antwort zögere, kommt Angela Merkel ohne Umschweife auf den Punkt und sagt nur einen Satz: »Ich habe mir überlegt, Sie werden Generalsekretär.«

Wahnsinn. Für einen Moment bin ich sprachlos. Generalsekretär? Ich? Wie kommt sie auf den Gedanken? Ich bin einfacher Abgeordneter, einer von vielen in der CDU/CSU-Bundestagsfraktion. Noch dazu stehe ich gerade erst am Beginn meiner zweiten Legislaturperiode.

Es fühlt sich an, als ob ich minutenlang überlege, tausend Gedanken schießen mir durch den Kopf. Doch dann sage ich ohne Umschweife: »Wenn Sie mir das zutrauen, mache ich das.« Die Zeit, vielleicht eine Nacht darüber zu schlafen, mich mit Freunden und der Familie zu beraten, nehme ich mir nicht. Zu stark ist die Verlockung, zu spannend die Idee und zu groß die Ehre. Und kann man einer Bundeskanzlerin überhaupt eine solche Frage mit Nein beantworten? Eigentlich war es ja gar keine Frage. Sie hat mir mitgeteilt, dass sie sich das überlegt habe.

Kaum ist das »Ja« ausgesprochen, wird mir bewusst: Der Job ist eine riesige Herausforderung! Die Partei steht vor einem Umbruch, die Weichen müssen an vielen Stellen neu gestellt werden. Und der neue Generalsekretär wird diese Veränderungsprozesse entscheidend vorantreiben müssen. Das heißt nicht nur, dass ich eine große Verantwortung übernehme, sondern sehr viel mehr im Licht der Öffentlichkeit stehen werde. Konflikte werden sich nicht vermeiden lassen. Will ich das?

Bislang habe ich mich im Zweifelsfall immer für die Herausforderungen entschieden und die Chancen ergriffen, die sich mir geboten haben. Und ja, ich habe nicht nur große Lust, die Aufgabe des Generalsekretärs zu übernehmen und mitzuhelfen, die Zukunft meiner Partei mitzugestalten. Ich will es wirklich!

Damit ist es beschlossene Sache. Angela Merkel hat offensichtlich mit nichts anderem gerechnet. Wir sprechen noch eine gute Stunde über ihre und meine Einschätzung der politischen Lage. Sie will wissen, wo ich mich in der CDU verorte, was ich ändern würde – nicht nur inhaltlich, sondern auch strukturell. Wir sprechen wieder über Digitalisierung, und mir ist wichtig, deutlich zu machen, dass dies nicht mein einziges Thema ist. Das C ist für mich die entscheidende Koordinate in der Union. Ich bin wegen der christlichen Werte und der grundlegenden Haltung, die ich in der Partei spüre, dabei.

Zum Schluss werden organisatorische Fragen besprochen: Wie und wann wird das offiziell bekannt gemacht? Was habe ich zu beachten? Danach werden Telefonnummern getauscht, und wir verbleiben so, dass ich mich demnächst erst einmal an Hermann Gröhe wende, den noch amtierenden Generalsekretär.

Vor der Tür denke ich: »Was war das gerade? Und was kommt da auf mich zu?« Dann mache mich auf den Weg nach Hause. Immer noch staunend und ein wenig ungläubig: »Ich werde Generalsekretär!«

Ein bisschen komme ich zu dieser Aufgabe wie die Jungfrau zum Kind – völlig unerwartet. Und ich ahne nicht im Geringsten, worauf ich mich einlasse. Ich habe versprochen, bis zum kommenden Sonntag, wenn die Entscheidung bekannt gegeben wird, mit niemandem darüber zu reden.

Rund herum bekomme ich mit, wie die Gerüchteküche brodelt. Aber ausnahmsweise klappt das mit der Verschwiegenheit im politischen Berlin. Es sind offensichtlich die richtigen Personen beteiligt, denn mein Name ist nicht unter den vielen, die für die Aufgabe des neuen CDU-Generalsekretärs gehandelt werden.

Blitzlichtgewitter

Als ich in die zahlreichen Objektive der Kameras und die vielen Gesichter der Journalisten blicke, die sich im Foyer des Konrad-Adenauer-Hauses versammelt haben, bin ich ziemlich aufgeregt. Neben mir steht Angela Merkel.

Die Anwesenden sind neugierig, wer ihnen da heute als neuer Generalsekretär präsentiert wird, auch wenn der Name inzwischen die Runde gemacht hat. Personalentscheidungen bleiben in Berlin dann doch nicht lange geheim. Die Journalisten haben direkt angefangen zu recherchieren und vermutlich nur wenig Aufsehenerregendes gefunden. Ein bekanntes Onlineportal titelt: »Peter wer?«

Nun stehe ich plötzlich im Rampenlicht. In einer Sitzung habe ich mich bereits dem Präsidium der Partei vorgestellt. Und das Präsidium ist dem Vorschlag der Parteivorsitzenden gefolgt. Bis zur Wahl durch einen Parteitag bin ich durch das Präsidium berufen.

Ich trete ans Mikrofon: »Peter Tauber ist mein Name. 39 Jahre alt. Aus dem schönen Hessenland komme ich. Bin von Beruf Historiker, gläubiger evangelischer Christ, Reserveoffizier. Das in Kurzform zu meiner Vita.«

Historiker. Christ. Reserveoffizier. Diese drei Bezeichnungen sind es, von denen ich meine, dass sie mich am besten beschreiben. Das Historikersein prägt meinen Blick auf unsere Welt. Nachzuvollziehen, wie etwas geworden ist, zu lernen, dass viele Probleme nicht so neu sind, wie wir glauben, und dass manche Dinge einen anderen Ursprung haben, als wir annehmen, schärft den Blick und verlangt, in längeren Zeiträumen zu denken. Wir sind nicht nur für das Hier und Jetzt, sondern auch für das Morgen verantwortlich. Das ist mir wichtig. Es gibt einen schönen Satz, der Henri Pirenne zugeschrieben wird. Er soll gesagt haben: »Wäre ich ein Antiquar, würden mich nur alte Sachen interessieren. Aber ich bin Historiker. Deshalb liebe ich das Leben.«

Die Zeit bei der Bundeswehr hat mich stark geprägt. Offizier zu sein steht für eine Haltung, die mir wichtig ist: Ich weiß, was es bedeutet, zu dienen. Der Dienst in den Streitkräften, die Bereitschaft, das eigene Leben für andere einzusetzen, ist die höchste Form, sich einer Sache zu verschreiben. Ich habe vor allen Menschen, die unserem Land dienen, egal ob in Uniform oder nicht, einen großen Respekt. Ohne sie funktioniert eine Gesellschaft nicht. Sie dienen und sie gehen voran. Das müssen Politiker auch und der Generalsekretär einer Partei erst recht.

Wer führt, der muss vorher gelernt haben, zu gehorchen. Da steckt das Wort horchen drin. Also zuhören. Und an der Bereitschaft, zuzuhören und etwas anzunehmen, gibt es derzeit einen Mangel in unserer Gesellschaft. Zu viele wissen immer direkt, wie es geht.

Besonders wichtig finde ich es, zu betonen, dass ich Christ bin. In meinem Leben ist dies eine wichtige Koordinate. Der christliche Glaube gibt mir Orientierung und Halt. Gerade dann, wenn ich zweifle oder mir bewusst wird, dass ich etwas falsch gemacht habe. Mein Glaube hat mir vor allem aber immer wieder die Augen dafür geöffnet, für mein Leben und die schönen Dinge, die ich erfahren darf, zu danken.

Von meiner behüteten Kindheit war schon die Rede. Und auch sonst kenne ich bis dato nur die Sonnenseiten des Lebens. Das war und ist selten mein Verdienst. Darum ist mir Dankbarkeit wichtig. Das ist, wie ich finde, ein wichtiger Bestandteil der frohen Botschaft Jesu.

Ich ahne in diesem Moment noch nicht, wie sehr ich den Halt, den der Glaube in einer existenziellen Krise geben kann, brauchen werde.

Jetzt sind erst einmal alle Augen auf mich gerichtet. Ich lächle freundlich inmitten des heftigen Blitzlichtgewitters. Was soll ich auch anderes tun? Das Bild wird von vielen Journalisten immer wieder bemüht. »Der ausgesprochen freundliche Neue«, schreibt die *ZEIT* über mich. Der Unterton ist manchmal etwas verwundert, irgendwie zweifelnd, ob jemand in so einem Amt freundlich sein kann. Die Frage beantworte ich mit Ja. Und die Beschreibung gefällt mir. Aber manchmal bin ich auch das Gegenteil. Nicht immer mit Absicht. Mein Umfeld weiß: »Peter Tauber, der kann auch anders.«

»Wer aufhört, besser zu werden, hat aufgehört, gut zu sein.«

Nach der Berufung eines neuen Generalsekretärs stellt man sich vielerorts die Frage: »Was bleibt, und was kommt?« Welchen Führungsstil wird der Neue an den Tag legen? Welche Themen sind die seinen? Was wird er ändern, welche Richtung wird er einschlagen? Und: Muss überhaupt etwas anders werden? Ist es nicht gut so, wie es ist?

Die Erwartungen der Partei sind jedenfalls, als ich die neue Aufgabe übernehme, sehr unterschiedlich. Doch habe ich eine gute Ausgangsposition. Wir haben gerade fulminant eine Wahl gewonnen, alle Aufgaben sind verteilt. Und man hat das Gefühl, dass es durchaus Zufriedenheit gibt. Für meinen Geschmack fast schon zu viel. Mein alter Chef hat immer gesagt: »Wer aufhört, besser zu werden, hat aufgehört, gut zu sein.«

Wir haben als Partei keinen Grund, uns zurückzulehnen. Im Gegenteil. Doch sind die Umfragen außergewöhnlich gut. Fast zu gut. Auch das Schimpfen über die Vorsitzende, das es immer gab, ist weitgehend verstummt. Wer sich bei der Ämtervergabe übergangen fühlt, der schweigt. Es gibt keine großen Konflikte – zumindest absehbar nicht –, und ich erfahre viel Unterstützung aus dem Führungskreis der Partei. Von einigen Ausnahmen einmal abgesehen. Das macht manches leichter. Den leicht spürbaren Widerstand – auch bei einigen im Konrad-Adenauer-Haus – lächle ich weg. An einigen Personalentscheidungen, die ich nicht für gelungen halte, kann und werde ich nichts ändern. Mir ist eines klar: Ich bin zu jung und zu neu, um alle Veränderungen anzustoßen, die eigentlich notwendig wären. Also befasse ich mich mit den Dingen, die veränderbar sind. Damit gehe ich manchem Konflikt aus dem Weg. Ob das richtig oder falsch ist, darüber müssen andere urteilen.

Manchen fällt auf, dass ich einiges anders sehe. Nicht zwingend in der Sache, aber in der Form. Gerade weil die Sachfragen wichtiger sind, habe ich keine Lust, mich in etablierte Raster zu zwängen. Außerdem bemühe ich mich, die Mitarbeiter in Entscheidungen einzubeziehen. Wertschätzung ist mir wichtig. Dabei mute ich manchem auch etwas zu. Veränderung ist ja nicht immer nur angenehm. Und dass der neue Generalsekretär manchmal in Jeans durchs Haus läuft, ist weniger ein Statement als der Tatsache geschuldet, dass ich gerne bequeme Kleidung trage, wenn keine externen Termine oder Gesprächspartner auf der Agenda stehen. Zur Wahrheit gehört, dass man sich auch darüber herrlich aufregen kann. Das Urteil hängt aber eher von den Umständen ab, als dass die Tatsache selbst bewertet wird: Ist die Stimmung gut, dann ist mein Vorgehen Ausdruck von Modernität. Ist sie schlecht, dann sehen manche darin mangelnde Seriosität und fehlende Ernsthaftigkeit.

Aber selbst wenn ich an dieser Stelle wenig Rücksicht auf die Meinung anderer nehme, so ist es sicher einer meiner Fehler, dass ich doch zu häufig überlege: Wie werde ich Ansprüchen gerecht, die an mich gestellt werden? Dabei wird man am Ende – das ist die Wahrheit – ohnehin nie allen gerecht. Es gibt immer welche, die es lieber ganz anders wollen.

In den Medien gibt es anfänglich viele wohlmeinende Kommentare: »Endlich mal einer, der auch die leisen Töne anschlägt.« »Einer, der nicht nur poltert und den politischen Gegner beschimpft.« Ein Journalist spricht von einem »neuen Typ Generalsekretär«. Einem Trend, den er nicht nur in der CDU, sondern auch bei anderen Parteien wahrnimmt. Er hofft, dass nun Pragmatismus und Realitätssinn in der Politik mehr Gewicht bekommen; endlich gebe es nicht mehr nur die klassischen Verhaltensmuster. Die Beschreibung schmeichelt mir zwar, aber sie ist ja nicht ganz richtig. Bis heute gibt es viele Rituale und Verhaltensmuster, bei denen ich nicht sicher bin, ob sie aus der Politik kommen oder den Funktionsmechanismen der modernen Medien folgen. Wenn ich versucht habe, etwas aufzubrechen oder zu verändern, hat dies oft nur schleppend oder gar nicht funktioniert. Oft war ich auch nicht frei von den üblichen Reflexen und habe deshalb Fehler gemacht.

Meine Erfahrung ist es, dass man gut daran tut, erst einmal zuzuhören, was wirklich Sache ist. Angela Merkel hat als Bundeskanzlerin einmal auf die Frage, warum sie sich zu einem Sachverhalt noch nicht geäußert habe, geantwortet, sie habe noch nicht fertig gedacht. Was für ein sensationeller Satz!

Wir erwarten beim Arzt, dass er es sich gut überlegt, bevor er eine Diagnose stellt. Aber Politiker sollen sofort auf alles eine Antwort haben und diese möglichst so knapp formulieren, dass es für Twitter geeignet ist. Sich dem zu widersetzen ist nahezu unmöglich. Der Kommentar würde vermutlich nicht lauten: »Gut, dass einer erst einmal überlegt, bevor er etwas sagt.« Die Kritik wäre: »Er traut sich nicht, klar Stellung zu beziehen.« Zu viele Menschen denken, Politik funktioniere wie der Pizza-Lieferservice. Das ist fatal. Mich hat das immer genervt. Hinzu kommt: Man verbringt viel Zeit damit, möglichst schnell einen Sachverhalt, einen Streit oder eine Personalfrage sorgfältig und bedacht zu kommentieren, von der man sicher weiß, dass übermorgen keiner mehr darüber spricht.

Wenn wir die politische Diskussionskultur beklagen, dann gibt es einen zweiten Punkt, der mich stört, bei dem ich aber bis heute keine Idee habe, wie man das ändern könnte. Mit konfrontativen Ansagen bringt man Menschen nicht dazu, sich für etwas zu öffnen und sich ein eigenes Bild zu machen. Und je heftiger jemand reagiert, desto eher macht die Gegenseite dicht. Volker Bouffier hat die Koalitionsverhandlungen zwischen den Grünen und der CDU in Hessen zum Erfolg geführt, indem er beide Seiten aufgefordert hat, sich vorzustellen, der andere könne recht haben. Das gefällt mir! Denn Veränderungen brauchen Raum zum Atmen, Verständnis und Vertrauen. Und sie brauchen Zeit. Das setzt die Kraft voraus, nachzugeben, Kompromisse zu schließen und Fehler einzugestehen. Machen wir uns nichts vor: Auch in der CDU gibt es Mitglieder, die mit solchen Überlegungen nichts anfangen können. Sie wünschen sich mehr klare Ansagen. Diese Mitglieder sind nun auch von meinem Vorgehen enttäuscht.

Zunächst gibt es aber durchaus viele Stimmen, die mir eine derartige Differenziertheit positiv auslegen. Das ist in der Zeit vor der Flüchtlingskrise und dem immer stärker werdenden Populismus. Danach wird vieles relativiert – und manche meiner Aussagen, die man früher beklatscht hat, werden plötzlich negativ gesehen.

Neben den Leuten, die gut finden, dass ich mehr zuhöre und moderiere, als »Ansagen« zu machen, gibt es von Beginn an in der Partei diejenigen, die sagen: »Wir brauchen wieder solche Generalsekretäre wie Geißler und Biedenkopf.« Ist damit gemeint, dass man der Parteivorsitzenden widerspricht? Würde es der Partei helfen, wenn ich ständig öffentlich im Streit mit der Vorsitzenden läge? Sicher nicht. Ich habe meine Aufgabe stets so verstanden, die Regierungspolitik der CDU zu erklären, die Parteivorsitzende und Bundeskanzlerin zu unterstützen und den politischen Gegner im Streit zu stellen.

Wünscht man sich eine polemische Zuspitzung wie bei Strauß oder Wehner? Selbst wenn einige das zunächst nicht so offen formulieren, ist eine solche Erwartungshaltung meiner Kritiker deutlich spürbar. Wenn man nicht das liefert, was erwartet wird, gilt man in ihren Augen als schwach. Dabei hätte jemand, der heute so reden würde wie Strauß oder Wehner, überhaupt keine Chance mehr. Er würde schlichtweg nicht akzeptiert werden. Die Zeit solcher verbaler Attacken ist spätestens seit dem unerträglichen Hate Speech im Netz vorbei.

Damit ich nicht falsch verstanden werde: Natürlich habe ich bei bestimmten Fragen eine klare Position. Diese vertrete ich. Allerdings habe ich die spannende Erfahrung gemacht, dass viele, die sich solch klare Äußerungen wünschen, auf einmal besonders laut Kritik üben, wenn die dann geäußerte Meinung nicht ihrer eigenen entspricht.

Empörungswelle

Wofür steht der neue Generalsekretär? Welche Themen will er vorantreiben? Diese Fragen sind berechtigt. Und sie werden mir direkt gestellt. Einige Journalisten durchleuchten meine politische Vergangenheit. Wofür habe ich mich bisher stark gemacht?

Die Junge Union Hessen war unter meiner Führung durchaus streitbar. Die Einführung von Studiengebühren haben wir abgelehnt, als Roland Koch das als Ministerpräsident durchgedrückt hat. Wir wollten eine allgemeine Dienstpflicht für Männer und Frauen an die Stelle der Wehrpflicht setzen und haben uns auch sonst oft mit grundsätzlichen Fragen beschäftigt. Journalisten werden natürlich fündig, wenn es darum geht, eine Aussage zu finden, bei der ich mit der aktuellen Politik der CDU über Kreuz liege. Es geht darum, herauszufinden, wie ich es heute damit halte. Stehe ich zu meiner Meinung, oder beuge ich mich dem medialen Druck? Eine Journalistin findet ein besonders emotionales Thema, wo ich definitiv eine Mindermeinung vertrete: Es geht um den Schutz des ungeborenen Lebens und die Frage, wann eine Abtreibung ethisch, moralisch und rechtlich vertretbar ist. Jahre zuvor habe ich mich als Vorsitzender der Jungen Union Hessen schon einmal in die Diskussion eingeschaltet und Position bezogen.

Historiker – Reserveoffizier – Christ – Abtreibungsgegner. Wenigstens an dem Begriff kann sich sicherlich der eine oder die andere nicht nur reiben, sondern empören. So dauert es nicht lange, bis die ersten Artikel zum Thema »Peter Tauber – der Abtreibungsgegner« erscheinen. Wie kommt er dazu, sich als Mann, noch dazu ohne Familie, derart zu äußern! Die erste Empörungswelle rollt an.

Ich glaube, dass man als Mann nicht beurteilen kann, wie sich eine Frau fühlt, die ungewollt schwanger wird – samt allem, was dies für sie in der Folge bedeutet. Ich denke aber, dass ich als Christ sagen darf – und auch sagen muss –, dass mich über 100 000 Abtreibungen jedes Jahr in unserem Land nicht kalt lassen. Als Gesellschaft müssen wir uns fragen: Wie kommt das eigentlich? Wie kommt eine Frau überhaupt in die

Situation, einen solchen Eingriff in Erwägung ziehen zu müssen? Wer lässt sie mit ihren Ängsten und Sorgen alleine? Denn oft ist nicht nur der Mann das Problem, der das Kind gezeugt hat und es jetzt nicht will, sondern auch die Frage, ob man sich als Alleinerziehende ins gesellschaftliche Abseits manövriert. Alleinerziehende Mütter haben es nachweislich schwer, ihr Armutsrisiko ist statistisch betrachtet höher. Wer weiter seinem Beruf nachgehen will, braucht eine Betreuungsmöglichkeit für das Kind – und die ist teuer. Der Stressfaktor ist hoch. Ganz offensichtlich tun wir als Gesellschaft zu wenig, um den Frauen die Entscheidung für das Kind leichter zu machen. Deswegen ist jede Abtreibung ein Armutszeugnis für diese Gesellschaft.

Natürlich gibt es ein soziales Netz: Wir zahlen Familien- und Kindergeld, es gibt Unterstützungsleistungen des Staates, private und kirchliche Initiativen und manches mehr. Es besteht die Möglichkeit, das Kind auf die Welt zu bringen und es dann zur Adoption freizugeben, wenn sich jemand nicht selbst zutraut, dauerhaft für diesen kleinen Menschen zu sorgen. Krankenhäuser haben sogenannte »Babyklappen« eingerichtet, sodass man Kinder auch anonym abgeben kann. Aber viele Frauen fühlen sich dennoch mit ihrer Entscheidung allein gelassen.

Ich glaube nicht, dass die Frauen, die sich für eine Abtreibung entscheiden, sagen: »Da entsteht ein neues Leben in mir – was damit geschieht, ist mir egal.« Viele ringen und hadern mit sich, bevor sie sich für oder gegen ein Kind entscheiden.

Was macht eine Gesellschaft falsch, dass 100 000 Menschen erst gar nicht geboren werden? Diese Frage muss man stellen.

Und das werde ich auch weiterhin tun, trotz aller Versuche, mich deswegen in eine christlich-fundamentalistische Ecke zu drängen.

»Freund, Feind, Parteifreund«

Die Anfangsphase als Generalsekretär gestalte ich eher zurückhaltend, stelle allenthalben viele Fragen und spreche mit sehr vielen Leuten. Das ist aus meiner Sicht notwendig. Das erste Jahr reise ich überall herum, um mich vorzustellen, und besuche weit über 100 Kreisverbände. Wenn mir etwas Motivation und den Glauben an meine Partei gibt, dann sind es die Mitglieder. Bislang kenne ich ja vor allem die hessische Parteibasis, meine Landtagsfraktion und ein paar Weggefährten aus der Jungen Union. Es wird einige Zeit ins Land gehen, bis ich, wenn ich irgendwo hinkomme, überall Leute treffe, die ich kenne – nicht nur die in Berlin, sondern auch unsere CDU-Oberbürgermeister und -Landräte, die Kreisgeschäftsführer und manches besonders engagierte Mitglied in den verschiedenen Regionen. Ich besuche anfangs auch nahezu jeden Landesvorstand. Und ich bin dankbar für diese Begegnungen, denn ich erfahre durchaus viel Zuspruch und Unterstützung, wenngleich mir natürlich viele Aufgaben mit auf den Weg gegeben werden.

Daneben gilt es, ein ordentliches Pflichtprogramm zu absolvieren: die wichtigen Journalisten der Hauptstadt treffen, mit Vertretern der großen gesellschaftlichen Gruppen zusammenkommen – Wirtschaftsorganisationen, Gewerkschaften, Kirchenvertretern und Sozialverbänden. Mich dieser Aufgabe zu stellen ist für mich selbstverständlich. Aber mehr Spaß machen der Wahlkampf vor Ort und die Termine an der Basis. Die Wahrheit ist: Ein Treffen mit Journalisten in Berliner Hinterzimmern wäre für meine Karriere wahrscheinlich förderlicher. Informationen sind die wichtigste Währung. Doch da ich der Meinung bin, dass Vertrauen in der Politik wichtig ist, verrate ich in solchen Gesprächen keine Interna und habe mir vorgenommen, nichts Schlechtes über Kollegen zu erzählen. Darum bin ich höchstens ein interessanter Gesprächspartner, wenn es um inhaltliche Fragen geht. Nach und nach erfahre ich, wie manch ein Kollege über mich bei solchen Gelegenheiten spricht – und wie er sich im Gegensatz dazu mir gegenüber verhält, wenn wir uns sehen. Das ist ernüchternd, aber auch menschlich. Aus solchen Erfahrungen entwickelte sich wahrscheinlich der Spruch »Freund, Feind, Parteifreund«.

In Absprache mit Angela Merkel ist eines meiner Ziele, eine Parteireform auf den Weg zu bringen. Dafür ist es wichtig, die Abläufe und Mechanismen der Arbeit vor Ort aus dem Blickwinkel der Parteizentrale zu verstehen. Einiges kenne ich durch die jahrelange ehrenamtliche Arbeit schon ganz gut, aber wenn man für den ganzen Laden verantwortlich ist, bekommt man eine neue Sichtweise. Und natürlich gibt es große regionale Unterschiede. Darum ist es wichtig zu fragen: »Wie funktioniert das genau? Warum machen wir es so und nicht anders?« Erst wenn man verstanden hat, wie es bisher lief – und warum –, kann man überlegen, ob und wie es besser gehen könnte.

Natürlich habe ich mir angeschaut, wie meine Amtsvorgänger gearbeitet haben. Hermann Gröhe mag ich sehr. Wir sind durchaus unterschiedlich, aber es gibt auch vieles, was uns verbindet. Beide waren wir früher in der Jungen Union engagiert. Uns ist das C in der Partei besonders wichtig.

Man muss sich bewusst machen, dass die Stimmung in der Partei noch völlig anders ist, als es wenige Jahre später der Fall sein wird. Angela Merkel ist als Kanzlerin in den eigenen Reihen völlig unumstritten, auch auf der großen, internationalen Bühne wird sie geschätzt. Die Opposition hat sich noch nicht gefunden. Umfragen sehen die CDU weiterhin konstant bei 40 Prozent oder sogar darüber. Die Chancen, die nächsten Landtagswahlen zu gewinnen, sind gut. Mein Büroleiter in der Parteizentrale meint: »Du wirst am Wahlabend in den nächsten Jahren immer einen Stimmenzuwachs verkünden können.« Ich glaube ihm. Aber wir täuschen uns beide. Die Partei ist in Wahrheit auf dem Zenit angekommen. Ein Runner's High würden die Läufer unter uns sagen. Es gibt deshalb auf den ersten Blick keinen Grund, die derzeitige Arbeit und die Abläufe in der Partei ernsthaft zu hinterfragen. Die Notwendigkeit, direkt etwas zu ändern, ist schlichtweg nicht da, trotz einiger Alarmzeichen. Die sieht man sofort, wenn man sich die Zahlen anschaut, zum Beispiel die Altersstruktur der Partei.

In den Augen mancher Beobachter bin ich, so wird es mir gespiegelt, einfach ein netter, sympathischer, junger Generalsekretär. Noch dazu der jüngste in der Parteigeschichte. Einer, der keinem wehtut. »Lasst den mal machen«, scheinen einige zu denken.

Und das, was ich mache, finden die meisten zunächst einmal gut. So treibe ich die Digitalisierung in der Parteiarbeit voran und probiere neue Veranstaltungsformate aus. Bis jetzt findet die meiste Kommunikation mit den Mitgliedern in Papierform statt. Sicherlich gibt es auch viel Austausch zwischen der Parteizentrale, den Landes- und Kreisgeschäftsstellen und den einzelnen Stadt- und Gemeindeverbänden per E-Mail; und natürlich auch eine Facebook-Seite der CDU sowie eine persönliche Seite für die Kanzlerin. Aber manches digitale Projekt steckt noch in den Kinderschuhen. Die jüngere Generation belächelt die Versuche der Partei, sich in den sozialen Medien aktuell und modern zu präsentieren. Unser Problem sind nicht so sehr die Themen, die würden sogar Zustimmung bei vielen jungen Leuten finden. Unser Problem ist, dass sie uns gar nicht erst zuhören. Das ist bis heute leider eine echte Baustelle. Schade, dass manches, was wir damals auf den Weg gebracht hatten, wieder in Vergessenheit geraten ist.

Neben der Digitalisierung beschäftigen mich vor allem zwei Themen: die Öffnung der Partei für weitere gesellschaftliche Gruppen und eine Diskussion darüber, was uns als Partei ausmacht. Wie sehen wir uns eigentlich? Was ist unser Angebot an die Bürgerinnen und Bürger im 21. Jahrhundert? Der 70. Geburtstag der Partei im Jahr 2015 ist für eine solche Diskussion ein guter Anknüpfungspunkt.

Stärker als bisher wollen wir die junge Generation für die CDU begeistern, und zum anderen auch Deutschen mit Migrationshintergrund eine Heimat in der Partei bieten. Fast 20 Prozent der Deutschen haben inzwischen einen sogenannten Migrationshintergrund. Sie arbeiten und leben hier, sind sogar oft hier geboren, zahlen Steuern, schicken ihre Kinder auf die Schule. Aber viele von ihnen haben nicht das Gefühl, dass meine Partei sich für sie interessiert. Das ist ein großer Fehler, denn bei genauerem Hinschauen ist es wie bei der jungen Generation. Natürlich hat die Partei ein inhaltliches Angebot für sie. Wir müssen es nur schaffen, dass sie uns zuhören. Die junge Generation und Deutsche mit Einwanderungsgeschichte – beides sind Zielgruppen, die meine Partei bisher kaum oder zu wenig erreicht. Ich habe schlicht die Hoffnung, auch all diese Menschen zu begeistern, die wir brauchen, um wirklich Volkspartei zu sein. Und es gibt noch eine große Baustelle: Trotz einer bekannten und beliebten Bundeskanzlerin und Parteivorsitzenden engagieren sich viel zu wenige Frauen bei uns. Das gilt es zu ändern. »Jünger, weiblicher und bunter«, so fasst es ein Journalist zusammen, soll die CDU nach meiner Auffassung werden.

Mir ist nicht klar, dass genau hier einige der Ursachen für manche Widerstände liegen. Es gibt ältere Mitglieder in der Partei, die sich zurückgesetzt fühlen. Ich schaffe es nicht, deutlich zu machen, dass es mir darum geht, mit diesen neuen Mitgliedern und Zielgruppen Menschen zu gewinnen, die irgendwann den Staffelstab übernehmen. Ich weiß durchaus um die Lebensleistung der Älteren für die Partei. Nur was ist das wert, wenn am Ende niemand nachkommt, der die Ideen der CDU in die Zukunft trägt?

In der Jungen Union ist ebenfalls Unmut zu hören. Anfangs nur leise. Ich unterstütze auch da einige, die nicht so ganz ins Raster passen. Eine davon ist Diana Kinnert. Sie ist klug. Klüger als viele andere. Nicht nur deswegen, sondern auch wegen ihres Huts, den sie nie absetzt und vielleicht auch beim Schlafen trägt, sowie des Jesus-Tattoos auf dem Arm ist sie für manche Mitglieder der Jungen Union mindestens anstrengend. Aber wir brauchen solche jungen Leute in der Partei, wenn wir nicht wollen, dass nur noch die zusammenkommen, die schon früher auf dem Schulhof die besten Freunde waren. Auch in der Jungen Union gibt es bis heute viel zu wenig Frauen und junge Deutsche mit Einwanderungsgeschichte.

In der folgenden Zeit starten wir mehrere, aus meiner Sicht sehr spannende Projekte. Für die digitale Generation veranstalten wir zunächst einen großen Kongress, den wir cnight nennen. Wir wollen es gleich richtig wissen. Alle Bedenkenträger raten dazu, klein anzufangen, aber dann würde die Veranstaltung vermutlich kaum Aufmerksamkeit finden. Deshalb wird der ursprüngliche Plan umgesetzt: IT-Unternehmen, die mit ihrem Angebot für neue Trends stehen, Internetvordenker, Blogger, YouTuber sowie Gamer diskutieren im Konrad-Adenauer-Haus. Einige Zeit später sind alle CDU-Mitglieder zu einem großen Digitalkongress in Berlin eingeladen. Das hat es noch nie zuvor gegeben. Dort können unsere Mitglieder jungen Gründern aus der Digitalbranche begegnen, mitdiskutieren; und sie sind der in großer Zahl anwesenden Parteiführung nahe. Weit über zweitausend Parteimitglieder sind dabei. Ein echter Erfolg.

Außerdem richten wir eine Plattform für Online-Diskussionsforen ein, auf der sich unsere Mitglieder untereinander und mit Experten austauschen können. Oft ist es ja so: Sie treten in einer kleineren Stadt wie Gelnhausen in die CDU ein, interessieren sich aber nicht wirklich für regionale Themen wie die Straßensanierung oder die Kindergartengebühren, sondern mehr für die Gesundheitspolitik der Bundesregierung. Das Problem ist: Wann treffen Sie schon mal Experten auf diesem Gebiet, geschweige denn den Gesundheitsminister? Um die Parteibasis näher an die Experten heranzubringen, etablieren wir ein Online-Format, bei dem die Spezialisten interessierten Parteimitgliedern Rede und Antwort stehen. Auch dieses Forum wird wirklich gut angenommen.

Für Mitglieder mit Migrationshintergrund veranstalten wir ebenfalls einen Kongress im Konrad-Adenauer-Haus. Angela Merkel ist anschließend total begeistert und stellt fest, dass selten so viel ausgelassene Stimmung in unserer Parteizentrale zu spüren war. Das liegt natürlich daran, dass Menschen aus anderen Kulturkreisen ihre Freude einfach offener zeigen als wir kühlen Mitteleuropäer. Diese Lockerheit tut auf jeden Fall gut. Und das Zusammensein löst manches aus, was in der Folge Bestand hat. Viele der Teilnehmer engagieren sich bis heute stark in der Partei. Darüber freue ich mich sehr.

Ohne den Wandel kann es keine Konservativen geben

In der Öffnung für diese Gruppen, die manche nicht unbedingt in einer konservativen christlichen Partei verorten würden, zeigt sich mein Verständnis des Begriffs »konservativ«. Die CDU wird damit einem weiteren Bestandteil ihres Namens gerecht. Wir nennen uns Union und nicht Partei. Wir wollen eine Sammlungsbewegung sein für Menschen, die völlig unterschiedlich sind, aber das Beste fürs Land suchen.

Lange Zeit habe ich mich selbst als konservativ beschrieben. Wenn es um Werte und Haltungen geht, dann bin ich das auch. Doch mit dieser holzschnittartigen Deutung, die manche dem Begriff anhängen, kann ich wenig anfangen. Es ist eben nicht das Festhalten am Gestern um jeden Preis. Auch das Gejammer, die Konservativen hätten keine Heimat mehr in der CDU, finde ich eher beschämend. Man streitet für Werte und Überzeugungen. Jammern ist auf jeden Fall keine konservative Tugend.

Erhard Eppler hat in seinem Buch »Ende oder Wende« zwei Begriffe eingeführt. Er erläutert den Unterschied zwischen wert- und strukturkonservativ. Wertkonservativ meint, dass ich mich für bestimmte Werte einsetze, unabhängig von äußeren Gegebenheiten: die Freiheit des Einzelnen, eine gelingende menschliche Gemeinschaft, Religionsfreiheit und Ähnliches. Natürlich sah dieser Einsatz im Deutschland der 1950er-Jahre anders aus als heute, aber die Motivation ist dieselbe. Diese Haltung steht im Gegensatz zum Begriff des Strukturkonservatismus, dem es vor allem um die Erhaltung bestehender Strukturen geht, darum, dass alles so bleibt, wie es ist und schon immer war. In diesem Sinne war die CDU nie eine strukturkonservative Partei. Der Mainzer Historiker Andreas Rödder hat diese Differenzierung noch ergänzt. Für ihn ist es nicht die Aufgabe des Konservativen, den Wandel aufzuhalten. Im Gegenteil, ohne den Wandel kann es keine Konservativen geben. Aber es ist deren Aufgabe, Veränderungen kritisch zu hinterfragen und ihnen im Zweifel die Härte zu nehmen, damit niemand zurückbleibt, wenn sich etwas grundlegend ändert, und möglichst alle mitkommen. Beides bedingt einander. Das ist ein Bild, das mir gefällt.

Aber die Konservativen haben ein Vermittlungsproblem. Ein moderner Konservatismus muss, so hat es der Publizist Wolfram Weimer formuliert, zeitgemäß daherkommen. Er brauche die Heimatliebe eines Florian Illies, die Disziplin eines Erhard Bueb und die spirituelle suchende Neugier eines Hape Kerkeling. Klug formuliert von Wolfram Weimer, wie ich finde. Wer das intellektuell zu wenig anspruchsvoll findet, der frage sich, wo denn die vermeintlich Konservativen ihre zeitgemäßen Inspirationen hernehmen, geschweige denn, ob sie sich jemals mit dem Konservatismus als politische Theorie und den historischen Vordenkern befasst haben.

Nach meinem Verständnis meint konservativ eben nicht Rückwärtsgewandtheit, sondern vor allem das Festhalten an Gutem. Die Werte, für die wir kämpfen und für die die CDU steht, definieren sich nicht – was viele selbst ernannte Konservative bis heute falsch verstehen – über die Form, sondern sie sind davon unabhängig. Es darf uns nicht darum gehen, alte Strukturen beizubehalten. Zu glauben, dass Deutschland so sein muss, wie es 1950 war, hat nichts mit konservativ zu tun, sondern ist schlichtweg reaktionär. Und trotzdem können wir etwas von der Aufbaugeneration lernen. Die haben angepackt, trotz manchen Zweifels und des gerade erlebten und durchlittenen Krieges, der Erfahrung von Tod und Zerstörung, Flucht und Vertreibung. Wenn ich mich heute umschaue und das ständige Schimpfen und Jammern höre, da kann man froh sein, dass unsere Großeltern nicht so waren, wie wir es heute oftmals sind. Sonst würden wir vielleicht immer noch in den Trümmern sitzen.

Ich bin der festen Auffassung, dass wir als CDU allen gegenüber offen sein müssen, die unsere Werte und Überzeugungen teilen – unabhängig davon, wie sie aussehen und woher sie stammen. Und unabhängig davon, welchen Lebensweg sie für sich gewählt haben. Grundüberzeugungen zu teilen, das ist wichtig. Viele Menschen, die als Einwanderer zu uns kommen, haben ähnliche Werte wie meine Partei. Die Familie hat für sie einen hohen Stellenwert. Würde, Respekt und Freiheit sind ihnen wichtig. Wenn jemand etwas leistet und fleißig ist, sich anstrengt und seine Kinder gut erzieht, dann ist es unerheblich, welche Hautfarbe er hat oder woran er glaubt. Dann ist das einfach ein anständiger Mensch, der – wenn die Voraussetzungen stimmen – unbedingt die Chance bekommen sollte, sich hier zu integrieren. Zu sagen: Wenn die Hautfarbe nicht passt, kann sich jemand noch so anstrengen, dann gehört er nicht hierher, finde ich grundfalsch! Mehr noch: Es ist schlicht menschenverachtend und mit dem christlichen Glauben nicht vereinbar. Täuschen wir uns nicht, dieses Denken ist weiter verbreitet, als wir uns eingestehen.

Ich denke, dass wir als Gesellschaft vor der gleichen Situation stehen, wie auch die Kirche sie vielerorts erlebt. Wir brauchen die Mitmenschen anderer Herkunft. Vor Kurzem erzählte mir der Essener Bischof Franz-Josef Overbeck: Wenn er sonntags nicht vor leeren Kirchenbänken predigen wolle, müsse er auf die gläubigen Katholiken setzen, die aus aller Welt ins Ruhrgebiet gekommen sind. Diese Menschen sind es, die ihm die Kirchenbänke füllen. Die Kirche bietet inzwischen Gottesdienste in vielen verschiedenen Sprachen an: einen auf Spanisch, einen auf Französisch, einen auf Englisch – und bei diesen Veranstaltungen ist immer viel los. Wenn er nur Gottesdienste für deutsche katholische Christen anbieten würde, wären die Bänke vielerorts ziemlich leer. Und wie schön ist das Miteinander der unterschiedlichen Kulturen unter dem Dach des gemeinsamen Glaubens! Eine solche Vielfalt ist bereichernd.

Wenn ich eine Moschee-Gemeinde besuche, sind die Menschen dort meistens sehr offen. Sie sind ja noch viel stärker traditionell und hierarchisch geprägt als wir, und es bedeutet ihnen viel, dass da ein Abgeordneter kommt, der sie wahrnimmt und ihre Gemeinschaft schätzt. Die häufigste Reaktion bei solchen Terminen ist: »Wir hätten nie gedacht, dass jemand von der CDU sich für uns interessiert!« Das ist eigentlich ein Armutszeugnis für eine Volkspartei, weil sie sich für jeden Menschen, gleich welcher Herkunft, interessieren muss. Und weil wir als Partei mit dem C grundsätzlich Wertschätzung, Respekt und Interesse denjenigen gegenüber an den Tag legen sollten, für die ihr Glaube im Leben eine Bedeutung hat – selbst wenn sie etwas anderes glauben als Christen.

Bei einigen Konservativen besteht das Problem, dass sie diesen Unterschied zwischen Werten, für die wir eintreten, und der Form schlichtweg nicht verstanden haben. Sie müssen sich fragen: Was ist denn eigentlich das Gute, das, was bewahrt werden muss? Mit Sicherheit sind es keine Strukturen, wie wir sie vor 60 Jahren hatten. Einer Zeit, in der in vielen Ländern Europas Frauen noch kein Wahlrecht hatten, Liebesbeziehungen zwischen Männern mit Gefängnis bestraft wurden und man auch sonst wenig Verständnis für Andersdenkende hatte. Ein sozialer Aufstieg durch Bildung und eigene Anstrengung war damals längst nicht in dem Maße möglich wie heute. Es sind vielmehr grundlegende Werte wie zum Beispiel Nächstenliebe und Meinungsfreiheit oder auch die Achtung vor dem Leben, die zeitlos sind und die wir bewahren müssen.

Weil manche nicht die Kraft haben, sich mit den einhergehenden Veränderungen selbst zu hinterfragen, und weil sie keine Sprache finden, ihre Sorgen in Worte zu fassen, halten sie sich an der Form fest, was meist einfacher ist. Aber ohne Inhalt ist jede Form eine leere Hülle.

Gegenwind

Erste Gehversuche, wenn es darum geht, sich gegenüber neuen Gruppen und Menschen mit Migrationshintergrund stärker zu öffnen, sind gemacht. Aber ich spüre deutlich, dass dies nicht jedem in der Partei gefällt. Nach dem Motto: »Es läuft doch eigentlich alles gut, wir haben bei der letzten Wahl über 40 Prozent der Stimmen bekommen. Wieso müssen wir uns jetzt diesen Themen widmen?« Leider werden solche Vorbehalte meistens eher hinter vorgehaltener Hand geäußert. So bekomme ich erst nach einer ganzen Weile davon etwas mit, auch weil die vielen neuen Gesprächspartner und Kontakte ein hohes Maß an Aufmerksamkeit verlangen. Später wird mir klar: Es ist ein Fehler, über derartige Widerstände einfach hinwegzugehen.

Eigentlich ist es eine zutiefst menschliche Reaktion, Veränderungen erst einmal kritisch gegenüberzustehen. Manche Mitglieder denken vermutlich: »Warum hofiert der Generalsekretär plötzlich Menschen, die so ganz anders sind als wir – sind wir ihm nicht gut genug?« Das Grummeln nehme ich nicht richtig wahr. Ich freue mich stattdessen, dass viele andere für derartige Impulse dankbar sind. Und ich bin sowieso jemand, der sich lieber mit denen beschäftigt, die etwas erreichen und aufbauen wollen, als mit denen, die mit verschränkten Armen am Wegrand stehen.

Nach einem Interview, in dem ich die Notwendigkeit eines modernen Einwanderungsgesetzes begründe, gibt es deutlichen Widerspruch. Dabei habe ich das gemacht, was zur Aufgabe eines Generalsekretärs gehört: Ich habe mit der Forderung nach einem Einwanderungsgesetz der Partei eine Debatte aufgezwungen, vor der sie sich zu lange gedrückt hat. Das Gesetz brächte klare Regelungen für den Zuzug nach Deutschland und würde anerkannten Fachkräften von außerhalb der EU ermöglichen, hierherzukommen, wenn sie eine feste Jobzusage haben. Natürlich geht es um mehr als um die Vermittlung von Arbeitskräften. Max Frisch hat einmal formuliert: »Wir haben Arbeitskräfte gerufen, und es sind Menschen gekommen.«

Mit einem Einwanderungsgesetz machen wir klar, dass wir uns wünschen, dass diejenigen, die dauerhaft nach Deutschland ziehen, sich auf uns, unser Land, unsere Kultur und politische Ordnung einlassen, ohne ihre Herkunft verleugnen zu müssen. Mit einem solchen Gesetz könnte man die jahrzehntelangen Verfehlungen der deutschen Migrationspolitik heilen. Denn es reicht nicht, nur diejenigen einzubürgern, die in den 60er- und 70er-Jahren eingewandert sind – und deren Kinder. Angesichts der demografischen Entwicklung und eines spürbaren Fachkräftemangels ist absehbar, dass Deutschland auch zukünftig Einwanderung braucht. Unsere Sozialsysteme und der Wohlstand werden sonst nicht bewahrt werden können.

Um die besten Köpfe in der Welt muss man werben, und man braucht klare Regeln. Es ist ein Irrglaube, dass die herausragendsten Uniabsolventen und die fleißigsten Krankenschwestern in Asien oder Südamerika jeden Morgen aufwachen und davon träumen, ihre Zukunft bei uns zu verbringen. Die CDU hat sich zu lange der Einsicht verweigert, dass Deutschland seit Adenauers Zeiten ein Einwanderungsland ist und übrigens in seiner Geschichte immer wieder war. So meine Sicht.

Mein Statement löst heftige Kritik aus, und es wird spekuliert, ob mein Vorstoß vorher mit Angela Merkel abgesprochen worden ist. Ist er nicht. Die Kanzlerin lässt die Debatte laufen. Das werten viele zu Recht als Ermunterung, sie weiterzuführen. In der nächsten Fraktionssitzung eskaliert die Situation. Ich habe den Widerstand völlig unterschätzt. Nach einer Reihe von vermutlich abgesprochenen Wortmeldungen entsteht am Ende das Bild, ich sei in dieser Frage völlig isoliert. Zwar kommen danach viele Kolleginnen und Kollegen zu mir und beteuern, dass sie meine Idee unterstützen. Zu Wort gemeldet hat sich aber niemand von ihnen. Das schmerzt mich. Aber es hilft jetzt nichts. Ich halte die verbalen Schläge einfach aus. Auch weil ich in der Sache zutiefst überzeugt bin.

Es gibt zwei Bilder, die des Öfteren bemüht werden, um die Rolle des Generalsekretärs zu beschreiben. Die einen sagen, er muss der große Vordenker der Partei sein. Das ist unter einer starken Vorsitzenden wie Angela Merkel schwierig. Sie ist zu meiner Amtszeit nicht nur Kanzlerin und Parteivorsitzende, sondern bringt vor allem auch eine enorme Erfahrung mit. Als junger Generalsekretär wäre es vermessen, neben einer so starken Persönlichkeit der Partei eine neue oder gar andere Richtung vorgeben zu wollen. Das heißt natürlich nicht, dass man nicht gestalten oder keine inhaltliche Arbeit machen kann. Ich kann durchaus einige wichtige Anstöße geben, die helfen sollen, die Partei zu reformieren, und wir reden endlich über das Zukunftsthema Digitalisierung. Aber die Leitfigur ist und bleibt Angela Merkel.

Das zweite Bild, das gerne bemüht wird, ist das des Sekretärs, der sich um alles kümmert und die Dinge treu verwaltet. Man setzt um, was andere beschlossen haben. Ich finde diese sehr unterschiedlichen Ansprüche, sowohl zu dienen als auch zu führen, sehr spannend. Und ich bin überzeugt: Das Dienen kommt vor dem Führen. Wer nicht gelernt hat zu dienen, der kann nicht führen. Deswegen habe ich kein Problem damit, die dienende Rolle auszufüllen. Und es ist sicher ehrenvoll, als »Sekretär« von Angela Merkel zu fungieren.

Statt von oben herab Entscheidungen zu fällen, ist es mir in meiner Arbeit immer wichtig, andere mit einzubeziehen. Viele haben mehr politische Erfahrung als ich, andere ein riesiges Wissen, das sie einbringen können – es wäre dumm, deren Kompetenz nicht zu nutzen. Mein Ideal ist es, mit Gruppen zu arbeiten, in denen jeder seine Stärken entfalten und seine

Begabungen einbringen kann. Überall dort, wo wir uns wertschätzen und wechselseitig tragen, gelingt plötzlich vieles, was man vorher nicht für möglich gehalten hat. Das zeigt sich jetzt. Die Arbeit in der Kommission zur Parteireform macht großen Spaß. Mitglieder von der Basis, Vertreter der verschiedenen Gruppen in der CDU, aber auch einige tolle Generalsekretäre aus den Landesverbänden sind dabei. Aber natürlich gibt es auch hier die Bedenkenträger, die Kritiker, diejenigen, die problem- und nicht lösungsorientiert denken. Damit komme ich gar nicht klar, denn so blockiert sich die Parteizentrale selbst, anstatt Motor zu sein. Ich beiße mir an manchen Problemen sprichwörtlich die Zähne aus, weil die guten Ideen von anderen – oftmals aus dem unmittelbaren Arbeitsumfeld – blockiert werden. Manche kämpfen aktiv gegen etwas an, andere verhindern es durch Abwarten. So ist es leider überall, wo viele Menschen zusammenkommen und miteinander arbeiten. Ohne dass mir das bewusst wird, zerrt es an mir.

Nachdem ich zu Beginn meiner Amtszeit oft in der Rolle des Zuhörers und »Moderators« war, vertrete ich nun auch Positionen, an denen man sich reiben kann. Dabei zeige ich klare Kante und vertrete vehement, was aus meiner Sicht richtig ist. Interessanterweise sind es nun ausgerechnet diejenigen, die vorher immer behauptet haben, ich sei als Generalsekretär zu lieb und nett, die meinen: »Um Himmels willen, der Peter Tauber stößt ja alle vor den Kopf!«

II
IN TURBULENZEN

6. September 2017. Schwere Regenwolken hängen über Torgau, der nächsten Station unserer Wahlkampftour. Das Wetter passt zur Stimmung, die wir auf zahlreichen Marktplätzen des Landes erleben. Kalt und abweisend. Damit meine ich nicht die vielen interessierten und neugierigen Bürger, die vorbeikommen, um sich eine Meinung zu bilden und eine Wahlentscheidung treffen zu können. Nein, ich meine die Anhänger von AfD, NPD und Pegida – sowie ihren diversen Ablegern –, die uns an jeder Station dieses Wahlkampfes begleiten und versuchen, mit Pfiffen, Hassparolen und Buhrufen jegliche konstruktive Debatte zu unterbinden. Da schlagen einem Hass und Häme entgegen, die Menschen mit Anstand zurückstoßen. Und wenn man nicht aufpasst, dann erobern sich die neuen alten Nazis wieder die Plätze der Stadt. Heute wird es besonders hart werden. Das ist mir klar, bevor ich mit Angela Merkel und dem Wahlkampfteam den Marktplatz von Torgau erreiche. Gestern erst haben wütende Demonstranten den Auftritt der Bundeskanzlerin in Heidelberg massiv gestört und sie mit Tomaten beworfen. Hier erwartet uns nichts Besseres.

Ich blicke von der Tribüne in die Menschenmenge und habe ein seltsames Gefühl. Das wird gleich ungemütlich. Und tatsächlich ist es so: Als die Kanzlerin einige Minuten später die Bühne betritt, geht der Beifall der Anhänger im Gejohle ihrer Gegner unter. Transparente, Fahnen und Plakate mit teilweise volksverhetzendem Inhalt werden hochgehalten, Fäuste geballt. Der rechte Mob zeigt sich. Seine Parolen erfüllen mich auch diesmal mit Schrecken. »Volksverräterin«, »Hau ab!« und zahlreiche gestreckte Mittelfinger sind noch die harmlosesten Meinungsbekundungen. Ich kann von der Bühne beobachten, wie Andersdenkende, selbst Kinder und Jugendliche, von den rechten Pöblern bedrängt und beschimpft werden. Ich stehe zwar weit genug weg auf der Bühne, aber an manches, was das Leben als Politiker mit sich bringt, wird man sich nie ganz gewöhnen. Es sind verstörende Bilder. Wie können Menschen so sein?

Und doch macht sich auch eine Entschlossenheit in mir breit. Eine Entschlossenheit, sich diesem blinden Hass, der jede Diskussion verneint, der an Argumenten nicht interessiert ist und in einer Demokratie nichts zu suchen hat, entgegenzustellen. Mit solchen Menschen kann es keine Auseinandersetzung geben. Man muss sich ihnen entgegenstellen, darf ihnen keinen Raum lassen, ja, muss ihnen deutlich zeigen: Ihr gehört nicht dazu! Mit Rechten reden, fordern manche. Nein. Diese Menschen, die alles ablehnen, was dieses Land ausmacht, gehören nicht dazu. Wenn man die Rechtsradikalen sieht, dann weiß man, wofür man kämpft.

Ein Bild gräbt sich ins kollektive Gedächtnis

Am 31. August 2015 findet die jährliche Sommer-Pressekonferenz der Bundesregierung statt. Die Kriege im Irak und in Syrien und die dadurch ausgelösten weiteren Konflikte haben eine Fluchtbewegung in Gang gesetzt. Die Menschen kommen in Scharen mit wackeligen Booten über das Mittelmeer, ziehen über die sogenannte Balkanroute nach Norden, stauen sich an den Grenzübergängen in Griechenland, Ungarn und Österreich. Länder wie die Türkei, Jordanien und der Libanon haben bereits Millionen von Flüchtlingen aufgenommen. Nun ziehen die Menschen nach Europa. Eine humanitäre Katastrophe riesigen Ausmaßes bahnt sich an. Kein Tag vergeht ohne Meldungen, dass wieder ein Boot auf der gefährlichen Überfahrt gekentert und Menschen ertrunken sind. Das Mittelmeer wird zum Grab, und Europa schaut weg. Das Bild eines kleinen, toten Jungen am Strand gräbt sich in das kollektive Gedächtnis. Immer mehr Menschen fordern die Bundesregierung zum Handeln auf.

In den Medien spricht man davon, dass schon bald mehrere Hunderttausende Flüchtlinge nach Deutschland kommen werden. Das Bundesinnenministerium nennt in einer Prognose die Zahl von rund 800 000 Menschen. Die Schätzung ist erstaunlich gut. Am Ende werden es 2015 etwa 850 000 Flüchtlinge sein. Keiner kann sich jedoch zu diesem Zeitpunkt diese enorme Zahl wirklich vorstellen und was sie eigentlich bedeutet.

Angela Merkel beschreibt die Lage auf der Pressekonferenz in deutlichen Worten. Sie spricht von »menschlichen Tragödien«

und »unfassbaren Gräueln«, von »Bildern, die unsere Kraft übersteigen«. Und sie macht den Menschen Mut. Deutschland stehe vor einer gewaltigen Herausforderung, doch sie sei überzeugt: »Wir schaffen das.« Ein Satz, der fortan mit ihrer Kanzlerschaft verbunden sein wird wie kein zweiter. »Wir können das – und wir schaffen das.« Ich verfolge das Interview im Büro und denke: »Recht hat sie.«

Wäre es nicht ein Armutszeugnis, wenn ein Politiker vor einer unvorhersehbaren Situation und einer neuen Herausforderung einfach kapitulieren würde? Die Leute alleine lässt mit ihren Sorgen und Ängsten und keine Idee hat, wie man vorankommt?

Angela Merkel behält recht. Es kommen Hunderttausende – und in einem gewaltigen Kraftakt krempelt das Land die Ärmel hoch. Die Kommunen, die Landkreise, die Länder und der Bund sowie Millionen Ehrenamtliche sorgen dafür, dass jeder Ankömmling ein warmes Bett und genug zu essen bekommt. Am Münchner Bahnhof werden die Flüchtlinge von Hunderten Helfern empfangen. In vielen Städten und Kreisen entstehen »Auffanglager«, provisorische Zeltstädte, mit deutscher Gründlichkeit in Windeseile errichtet. Die Kommunen in ganz Deutschland, das Rote Kreuz, die Kirchen, das Technische Hilfswerk und die Bundeswehr – alle packen mit an. Auch viele andere, kirchliche Gruppen, Vereine und einzelne Bürger wollen irgendwie helfen. Der ehrenamtliche Einsatz ist großartig! Die Menschen, die zu uns kommen, erhalten Essen und Trinken, warme Kleidung und ein Quartier. Ich selbst helfe ein Wochenende mit anderen Reservisten in einer großen Flüchtlingsunterkunft in Offenbach und erlebe beeindruckende und bedrückende Momente.

Parallel arbeitet die Politik mit Hochdruck daran, die Zahl der ankommenden Flüchtlinge zu reduzieren und Strukturen zur Registrierung aufzubauen. Am Ende gelingt auch das. Die Behörden leisten Unglaubliches. Manche Vorschrift wird zur Seite gelegt, denn pragmatische und schnelle Lösungen müssen her. Es gibt Sprach- und Integrationskurse, und es werden Initiativen gestartet, um Flüchtlingen Arbeitsstellen und Praktikumsplätze zu vermitteln.

Natürlich wächst bei vielen auch das Unbehagen. Wohin wird dies alles führen? Wer kommt da eigentlich zu uns? Sind unter den Menschen, die aus tiefer Not ihre Heimat verlassen, auch welche, die wir hier auf keinen Fall wollen? Die vielleicht Böses im Schilde führen?

Die Gefahr ist da. Die Sorge berechtigt. Verheerende Anschläge von IS-Terrorgruppen in vielen europäischen Städten schüren Angst und Misstrauen. Berlin, Breitscheidplatz. Nizza, Paris, Brüssel – jeder, der daran denkt, hat sofort Kopfkino. Mord und Totschlag, Hass und Gewalt erschüttern die europäischen Metropolen. Da stellt sich die Frage: Wen haben wir da, in der Eile sogar weitgehend unkontrolliert, ins Land gelassen? Dabei wird übersehen, dass all die Länder, in denen die Anschläge geschehen, eine restriktive Flüchtlingspolitik betreiben und kaum Menschen aufnehmen. Aber das schützt sie eben nicht vor dem Terror.

All diese schlimmen Ereignisse sind natürlich trotzdem Wasser auf die Mühlen derer, die gar nicht wollen, dass wir das schaffen. Die Kassandrarufe sind unglaublich laut – und am Ende sind viele regelrecht enttäuscht, dass die große Katastrophe in Deutschland bislang ausbleibt.

Natürlich verläuft die Betreuung von Hunderttausenden Menschen nicht ohne Schwierigkeiten. Viele der Ankömmlinge sind durch die dramatischen Erlebnisse in ihren Heimatländern oder während der Flucht schwer traumatisiert. Nahestehende Verwandte sind verwundet, vergewaltigt oder getötet worden. Die Flucht war abenteuerlich und immer wieder lebensgefährlich, Tausende sind im Mittelmeer ertrunken, noch mehr schon vorher in der Wüste ums Leben gekommen. Nun lebt man in einem fremden Land, in einer völlig anderen Kultur. So können Konflikte nicht ausbleiben. Doch auch hier gilt: Das alles bewältigen wir. Und die Zahl der Flüchtlinge geht in den Folgejahren deutlich zurück. Das liegt vor allem an internationalen Abkommen und einem besseren Schutz der Außengrenzen der Europäischen Union.

Der schwierigste Teil der Aufgabe kommt allerdings noch. Es gilt, diese Menschen zu integrieren, denn es ist nicht absehbar, wann sie in ihre Heimat zurückkehren können. In der Zwischenzeit sollen sie hier unsere Sprache lernen, sich in einer für sie fremden Kultur zurechtfinden, eine Ausbildung machen und arbeiten. Ob sie danach in ihre Heimatländer zurückgehen oder wir sie als Arbeitskräfte bei uns dauerhaft brauchen, ist nicht absehbar. Daraus folgt eine andauernde gesellschaftliche Debatte. Menschen haben Zweifel, dass das gelingen kann, denn sie sehen die Beispiele gescheiterter Integration in deutschen Großstädten. Und es gehört ja zur Wahrheit dazu, dass wir in der Vergangenheit bei diesem Thema viel falsch gemacht haben. Ich sage bewusst wir und zeige nicht mit dem Finger auf die Menschen, die in den letzten Jahrzehnten bei uns eine neue Heimat gefunden haben. Denn wir haben es hingenommen, dass sich Parallelgesellschaften entwickeln konnten, und wir haben ihnen nicht vermittelt, dass wir sie als neue Landsleute sehen und sie jetzt dazugehören.

Es ist nicht hinzunehmen, wenn ein bei uns aufgenommener Flüchtling gewalttätig wird. Auch in meinem Wahlkreis gibt es hier und da Schwierigkeiten mit Menschen, die sich nicht an die Regeln halten. Und doch ändert es nichts daran, dass es richtig ist, den ankommenden Menschen zu helfen. In dieser Haltung bestärken mich die vielen Flüchtlinge, die ich kennenlerne. Die vielen, die sich redlich bemühen, eine Ausbildung anstreben oder, nachdem sie erstaunlich schnell Deutsch gelernt haben, einen Job suchen und finden. Außerdem reden wir hier über Menschen! Wir können wegen einer kleinen Zahl an Kriminellen doch nicht Hunderttausende einfach ihrem Schicksal überlassen! Leider trauen sich nur wenige, das so offen und selbstbewusst zu sagen, weil sie sofort einen Shitstorm von rechts befürchten.

Die Aufnahme der Flüchtlinge spaltet die Bevölkerung in Deutschland ebenso wie die Regierungsparteien. Die einen sind stolz darauf, dass wir den Menschen, die in Not sind, beigestanden haben, andere sind zutiefst verunsichert und entsetzt. Viele Kritiker meinen, mit ihrem »Wir schaffen das« habe Angela Merkel das Fanal gesetzt: »Jetzt dürfen alle kommen!« Als wäre es quasi ein Aufruf an die Menschen in Nordafrika, Syrien oder anderen Ländern: »Kommt nach Deutschland, wir nehmen euch auf.« Aber das ist falsch. Die allermeisten sind längst auf dem Weg, als unser Land im September den Menschen aus einer humanitären Notlage in Ungarn hilft. Sie wären auch ohne dieses vermeintliche Fanal gekommen.

Was wäre gewesen, wenn Angela Merkel anders entschieden hätte? Wäre uns die Krise erspart geblieben? Nein. Denn es ist meine tiefste Überzeugung: Wenn die Bundeskanzlerin anders entschieden hätte – wenn sie etwa den Forderungen Seehofers gefolgt wäre –, dann wären unsere Gesellschaft und die Partei heute ebenso gespalten. Und viele Menschen wären angesichts einer bodenlosen Kaltherzigkeit zutiefst enttäuscht und angewidert. Vielleicht würden sie sagen: »So habe ich mir das 21. Jahrhundert im wiedervereinten Deutschland nicht vorgestellt. Dass wir Wasserwerfer auffahren, um Notleidende an den Grenzen zurückzuhalten, dass wir Polizei und Soldaten gegen Frauen und Kinder ins Feld schicken; Hilfesuchende in Lager sperren und abschieben, dass wir uns einfach umdrehen und dem Sterben auf dem Mittelmeer zuschauen.«

Es geht diesmal nicht, wie etwa bei der Wirtschaftskrise im Jahr 2009, um Zahlen auf Konten – es geht um Menschen. Und das Schicksal der Flüchtlinge an der Grenze hat nicht nur die Kanzlerin zutiefst bewegt. Ungarn hat diese Menschen auf dem Bahnhof in Budapest so behandelt, dass ihnen nichts anderes übrigblieb, als von dort aus loszumarschieren und einen Ort zu suchen, an dem sie unter menschlichen Bedingungen leben können.

Der Schild, an dem alles abprallt?

Es gehört Mut dazu, so zu entscheiden, wie Angela Merkel es getan hat. Ich stelle mich in dieser Situation an ihre Seite. In einer solchen Krise braucht die Partei eine klare Richtung. Zum Glück ist es nicht so, dass ich mir eine Haltung zu Eigen machen muss, die ich nicht teile. Das würde ich wohl nicht lange durchhalten. Nein, ich habe das Glück, dass ich in der Einschätzung der Situation mit Angela Merkel völlig einer Meinung bin. Viele in der Partei wünschen sich hingegen, dass ich mich auf die Seite der Kritiker schlage und so einen Gegenpol zur Kanzlerin bilde, damit sich beide Lager in der Parteispitze wiederfinden. Denen sage ich immer wieder: »Erstens halte ich die Politik von Angela Merkel für richtig, und zweitens macht es keinen Sinn, wenn die Vorsitzende und der Generalsekretär ein unterschiedliches Lied singen. Woran soll sich die Partei dann orientieren?« Ein anderes Verhalten würde nicht als Differenzierung wahrgenommen werden, sondern es würde heißen: »Tauber fällt von Merkel ab«, oder »Merkel hat Partei nicht mehr im Griff«, »Der Generalsekretär kritisiert die Vorsitzende« ... Das würde zu nichts Gutem führen.

Die moderne Medienlandschaft hat einiges verändert. Alles ist miteinander vernetzt, Informationen, Meinungen und Stimmungen verbreiten sich in Windeseile. Journalisten, Interviewpartner und Leser reagieren direkt auf neue Beiträge, und manche Debatte verselbstständigt sich schneller, als man denkt. Dies hat Auswirkungen auf das Handeln in der Politik. Einige setzen bewusst auf kantige Aussagen, weil ihnen das Aufmerksamkeit bringt, andere agieren extrem vorsichtig, weil sie wissen, dass später einzelne Worte auf die Goldwaage gelegt und in verschiedenste Richtungen interpretiert werden. In Zeiten von Twitter und Facebook kann man sich vorstellen, wie schwierig es ist, in einer Partei eine klare Richtung zu kommunizieren.

An dieser Stelle hinkt auch der Vergleich mit den vermeintlich glorreichen Zeiten, als Heiner Geißler oder Kurt Biedenkopf Generalsekretäre waren. Gerade Geißler wusste zu provozieren, er war umstritten – auch in den eigenen Reihen. Damals gelang es ihm, mit einem Beitrag in einer renommierten Tageszeitung die politische Debatte in Bonn zu bestimmen. Angesichts der vielfältigen Medienlandschaft und der sozialen Netzwerke haben sich die Rahmenbedingungen allerdings vollständig verändert.

Heiner Geißler war übrigens, wie ich finde, einer der klügsten Köpfe, den die CDU je hatte. Häufig heißt es ja, er sei gegen Ende seines Lebens politisch nach links gerückt. Mit Aussagen wie: »Das gegenwärtige Wirtschaftssystem ist nicht konsensfähig und zutiefst undemokratisch, es muss ersetzt werden durch eine neue Wirtschaftsordnung«, oder: »Es gibt auf der Erde Geld wie Dreck. Es haben nur die falschen Leute«, hat er natürlich viel Aufsehen erregt. Aber ich glaube nicht, dass er wirklich linke Positionen eingenommen hat. Vielmehr hat er aus meiner Sicht seine grundsätzlich konservative Haltung mit Blick auf bestimmte Themen neu übersetzt. Er hat seiner Partei kritisch den Spiegel vorgehalten. Man kann eben eine Gesellschaft und einen Staat nicht wie ein Unternehmen organisieren. Das war nie die Idee der sozialen Marktwirtschaft. Manche haben das in der CDU nur vergessen. Die letzten großen Themen, mit denen sich Heiner Geißler intensiv beschäftigt hat, waren übrigens Nachhaltigkeit, Umwelt und Klima. Vielleicht hätte die Partei ihn in dieser späten Phase ernster nehmen und es nicht als abwegig betrachten sollen, als er sich mit »Attaq« und anderen Gruppen zusammengesetzt hat. Dann wären wir heute ein Stück weiter.

Mich ärgert oft, dass für solche grundsätzlichen Überlegungen im Alltag zu wenig Zeit bleibt. Stattdessen kommentiert man Äußerungen des politischen Mitbewerbers, über die sich alle gerade aufregen, die aber morgen schon wieder vergessen sind und keine praktischen Auswirkungen haben. Das finde ich substanzlos, aber ist Teil des Politikzirkus in Berlin.

Da ich die Linie der Kanzlerin gegen zahlreiche Widerstände strikt verteidige, wandeln sich die Anforderungen an meine Rolle enorm. Schnell wird mir klar, dass ich mich in dieser Schlacht aufreibe. Zu Beginn der Krise wagt noch niemand, die Parteivorsitzende offen zu kritisieren. Aber ich bin ja auch noch da. Jetzt heißt es plötzlich: »Der Peter Tauber macht erst nur diesen digitalen Schnickschnack, dann dieses jünger, weiblicher, bunter – und nun hängt er in der Flüchtlingskrise am Rockzipfel von Mutti. Etwas Richtiges bringt er nicht zustande.« Das hat mich getroffen.

In zahlreichen Gremiensitzungen, Regionalverbänden, Sitzungen der Jungen Union gilt es jedenfalls, eine Position zu verteidigen, die einem lauten Teil der Partei nicht gefällt. Und das ist noch sehr zurückhaltend formuliert. Wie kann ich diese neue Rolle am besten beschreiben? Es wird erwartet – oder zumindest empfinde ich es so –, dass ich der Schild bin, an dem alles abprallt. Es gilt, Stärke zu demonstrieren und durchzuhalten. Der Widerspruch nimmt mich mit, führt mich an meine Grenzen. Schließlich sind es keine politischen Gegner, sondern meine Parteifreunde, die meine Haltung aufs Schärfste attackieren. Und doch heißt es wieder Stärke zeigen. Wer will in einer solch angespannten Situation einen schwachen Generalsekretär sehen? Einen der bei der Frage, wie es weitergehen soll zugibt: »Ganz ehrlich – ich weiß es auch nicht!« Das können Sie vielleicht einmal machen. Manch einer wird dann denken: »Der ist wenigsten ehrlich.« Aber wenn Sie so etwas zweimal machen, gelten Sie als Weichei und für die Aufgabe ungeeignet. Das macht es schwierig, auf die Gegenmeinungen einzugehen. Wahrscheinlich komme ich in diesen Diskussionen viel härter rüber, als ich es wirklich meine.

Es beginnt eine Zeit der Entfremdung. Viele Mitglieder hören mir nur noch unwillig zu. Ein Gefühl, als würde man in einer leeren Kirche predigen oder gegen eine Wand sprechen. Und in einer solchen Situation passiert es leider immer wieder, dass man übers Ziel hinausschießt. Auch mir. Einmal soll ich in einer internen Sitzung gesagt haben: »Wer nicht für Merkel ist, der ist ein Arschloch!« Auch wenn ich mich später nicht bewusst daran erinnere: Ich traue es mir leider zu. Manchmal kann ich sehr direkt und hart sein. Solche Äußerungen sind natürlich verletzend. Ich arbeite daran, mein Verhalten zu ändern.

In der besagten vertraulichen und internen Runde sitzen lauter Abgeordnete, von denen die meisten ihr Mandat nur durch den Wahlerfolg der Kanzlerin 2013 gewonnen haben.

Und dennoch ziehen jetzt alle über Angela Merkel her. Deswegen halte ich mit Inbrunst dagegen: »Keiner von euch würde ohne diese Frau hier sitzen. Ihr seid nicht aus eigener Herrlichkeit Abgeordnete, sondern nur, weil sie ein derart sensationelles Wahlergebnis für die CDU geholt hat.« Es ist bezeichnend, dass sich in der Sitzung keiner über meine klaren Worte laut aufregt. Der Satz, den ich in diesem Zusammenhang auch gesagt haben soll, findet erst gut ein Jahr später den Weg in die Medien. Zu einem Zeitpunkt, wo er bewusst genutzt wird, um mir weiter zu schaden. So läuft das politische Spiel. Und der Journalist, der den Satz veröffentlicht, ohne zu benennen, wer sein Stichwortgeber ist, spielt fröhlich mit.

Der Satz ist für Rechtsextreme ein Ventil, um in sozialen Netzwerken gegen mich zu hetzen. In regelmäßigen Abständen wird er geteilt, und dann tobt sich der rechte Mob aus. Natürlich wird unterschlagen, dass diese Kritik nicht denjenigen galt, die Merkels Flüchtlingspolitik kritisch sehen, sondern den eigenen Leuten, die bei der ersten Krise nicht bereit waren, eine Politik zu verteidigen, deren Prinzipien sie in den Bundestag gebracht hatten. Die Hetze im Netz muss ich bis heute aushalten, denn regelmäßig posten Rechtsextreme dieses Zitat mit meinem Bild. Ich denke dann an meinen Freund Walter Lübcke, für den diese Hasskampagne ein schlimmes Ende nahm.

Worüber habe ich mich in dieser Runde mit anderen Abgeordneten eigentlich so geärgert? Wenn unsere CDU-Mitglieder schimpfen, weil sie oft genug im Freundeskreis oder auf der Arbeit für die Partei den Kopf hinhalten müssen, dann verstehe ich das sehr gut. Aber ich erwarte von hauptamtlichen Funktions- und Mandatsträgern mehr Korpsgeist. Da gilt es in der Tat den Rücken gerade zu machen und zu sagen: »Ja, es ist tatsächlich schwierig, aber wenn wir jetzt nicht zusammenhalten ...« In solchen Momenten zu jammern, weil man drei böse Briefe aus dem Wahlkreis bekommt, hat mit meinem Verständnis von politischer Führung nichts zu tun. Das ist für mich ein Ausdruck von mangelnder Loyalität. So etwas kann ich nur schwer ertragen. Und so kann es durchaus sein, dass dieser besagte Satz mit dem »A.« gefallen ist. Die Wortwahl war dann nicht sonderlich diplomatisch. Aber in der Sache bleibe ich dabei. Das Verhalten mancher Funktionsträger der Partei in der Flüchtlingspolitik entsprach nicht dem, was ich unter Führung und Zusammenhalt verstehe. Und manche haben aus ihrer Kritik ein Geschäftsmodell gemacht, das ihnen öffentliche Aufmerksamkeit sichert.

Bei anderer Gelegenheit handle ich in der Tat zu schnell und unüberlegt. Bis heute ärgere ich mich darüber. So verfolgt mich über die Jahre ein Tweet, denn das Internet vergisst nichts. Was ist passiert? In der Vorbereitung der Bundestagswahl beschließen wir ein Wahlprogramm. Ein wichtiger Punkt ist die Vollbeschäftigung. Wir wollen, dass jeder einen sozialversicherungspflichtigen Arbeitsplatz hat, von dem er leben kann. Ein klares Ziel, sicherlich eines der wichtigsten unseres Programms, das CDU und CSU gemeinsam der Öffentlichkeit vorstellen. Viele im Konrad-Adenauer-Haus haben lange darauf hingearbeitet, und nun ist es geschafft. Und in der Tat greifen die Medien diese Idee auf und berichten darüber. Als ich abends nach Hause komme, bin ich zufrieden – und ziemlich erschöpft. Ich bin schon auf dem Weg ins Bett, als ich dummerweise noch einmal kurz einen Blick auf mein Smartphone werfe, anstatt den Tag in Ruhe ausklingen zu lassen.

Auf Twitter haben wir das heute festgelegte Ziel der Vollbeschäftigung verkündet. Darunter schreibt nun jemand einen ätzenden Kommentar: »Soll das heißen, ich muss mir drei Minijobs suchen?« In meinem Kopf rast es. Ist das zu glauben? Wie kann jemand die Situation derart verdrehen? Dabei ist unser Anliegen doch wirklich gut! Jeder soll einen Job haben, von dem er leben kann. Nichts anderes meint Vollbeschäftigung. Und dieser Kerl nutzt unsere Meldung zum Thema, um das ins Gegenteil zu verdrehen und zu ätzen!

Als ich den Tweet lese, bin ich derartig zornig, dass ich direkt in die Debatte einsteige, obwohl mir klar sein müsste, dass es sich um eine bewusste Provokation handelt. Natürlich ist um diese Uhrzeit und nach einem derartigen Tag die Konzentration schwach. So überlese ich einen wichtigen Aspekt: Es handelt sich um einen Nutzer der rechtsextremen Plattform, die den Charakter eines sozialen Netzwerks hat. Wenn deren User auf Twitter schreiben, kann man die Zugehörigkeit erkennen. Ich bin leider unaufmerksam und bemerke nicht, dass auch der Beitrag, über den ich mich gerade derart aufrege, von einem Mitglied dieses Netzwerks stammt. Eigentlich hätte ich damit das ganze direkt zur Seite schieben und ihm keine Aufmerksamkeit schenken sollen. Nach dem Motto: »Das ist ein rechtsextremer Troll, dem tue ich nicht die Ehre an, dass ich seinen Beitrag kommentiere.« Aber ich ärgere mich derart, dass ich meinerseits einen unüberlegten Kommentar abgebe. Wütend antworte ich: »Wenn Sie was Ordentliches gelernt haben, dann brauchen Sie keine drei Minijobs.«

Die Reaktionen lassen nicht lange auf sich warten. Hunderte kommentieren meinen Beitrag. Man wirft mir Polemik und Arroganz vor. Und es interessiert niemanden, dass es ein Nazi ist, der mich provoziert hat. Meine unmittelbare Entschuldigung wird geflissentlich überlesen. Natürlich ist es eine gute Gelegenheit, nicht nur mich zu attackieren, sondern auch die gesamte Sozialpolitik der CDU zu hinterfragen. In der Presse heißt es: »Generalsekretär beschimpft Twitteruser!«

Mein Kommentar ist unangemessen und nicht hilfreich, das sehe ich auch. Denn eigentlich könnte man zu diesem Satz ja eine produktive inhaltliche Debatte führen und sich fragen, wie das eigentlich mit den Minijobs wirklich läuft. Wer hat überhaupt solche Jobs? Wie viele Minijobs bestehen derzeit in Deutschland? Und wie viele Menschen haben sogar mehrere solcher Jobs – und warum? Sind das wirklich alles Leute, die sonst nicht über die Runden kommen? Sind es nicht oft auch Studenten oder andere, die sich gerne noch was dazuverdienen? Es gibt ganz viele Fragen, die man anlässlich des Tweets hätte diskutieren können. Mir fehlt aber die Kraft oder auch der Mut, die Debatte weiterzuführen. Vielleicht wäre das im Vorfeld des Wahlkampfes auch nicht klug. So entscheide ich mich fürs Aushalten. Ich stecke die noch zunehmende Kaskade an Polemik ein und erkläre mich nicht, auch wenn ich mich ärgere. Wahrscheinlich war das falsch.

»Wir schaffen das!«

Wenn man in einigen Jahren über die Kanzlerschaft von Angela Merkel nachdenkt, werden sich bestimmt viele an diesen einen Satz erinnern: »Wir können das – und wir schaffen das.«

Er hat sich in das kollektive Gedächtnis von Millionen von Menschen eingeschrieben. Angela Merkel hat ihn angesichts Hunderttausender notleidender Menschen gesagt, die auf der Flucht über die sogenannte Balkanroute waren und die deutsche Grenze überschreiten wollten. Einige Politiker hatten in dieser Situation gefordert, die Grenzen sofort dicht zu machen.

Der Satz der Kanzlerin hat eine große Stärke. Sie hat ihn, denke ich, spontan formuliert. Die Worte kamen, angesichts der Not der Menschen, aus dem Herzen. Darin spiegelt sich das Vertrauen wider, das Angela Merkel in die Menschen und in unser Land hat. Und ich glaube, er entspricht zutiefst ihrer Haltung: »Wenn ich als Kanzlerin nicht den Anspruch habe, ein gesellschaftliches und humanitäres Problem zu lösen, dann mache ich etwas falsch.«

Leider haben wir es damals als Regierungspartei verpasst, diesen Satz inhaltlich und kommunikativ zu unterfüttern. Das hätte vielleicht verhindert, dass die Rechten sich den Satz zu Eigen machen und ihn für ihre Zwecke aufs Übelste missbrauchen. Kurz und knapp einen Plan vorzustellen, der von der Unterbringung und der Erstversorgung über die Registrierung bis hin zur Integration der Flüchtlinge einen Handlungsrahmen abbildet, hätte den Deutschen gezeigt, dass die Regierung ein Ziel und einen konkreten Plan für die Umsetzung hat. Angesichts der Dramatik der Ereignisse war damals die Zeit für solche Vorhaben knapp, alles war in Bewegung, und der Plan wäre vermutlich auch sehr schnell von der Wirklichkeit überholt worden. Aber ohne zu wissen, auf was man sich einlässt, bekommen manche Menschen naturgemäß Angst vor derart großen Aufgaben. Deshalb wäre aus meiner Sicht genauso wichtig gewesen, ihnen das notwendige Zutrauen in die Stärke unseres Landes zu vermitteln. An Unterstützung, sicherlich auch von prominenter Seite, hätte es wohl nicht gemangelt. Und unser Land kann so viele Geschichten erzählen von Menschen, die schwierige Situationen gemeistert haben. Die Geschichte der Deutschen Einheit seit 1990 steht beispielhaft dafür, was möglich ist.

Leider wurde der Satz »Wir schaffen das« schließlich hämisch von Rechtsextremen und Zweiflern okkupiert und zynisch ins Gegenteil verdreht. Dabei ist es ja wahr: Es gibt so viele Menschen, die jeden Tag Unglaubliches bewältigen und leisten. Ich denke zum Beispiel an Krankenschwestern, alleinerziehende Mütter, Sozialarbeiter, Polizisten, Feuerwehrleute und Lehrer – sie alle sind das Rückgrat unserer Gesellschaft. Wenn diese Menschen sich nicht jeden Tag im Geiste des Satzes »Wir schaffen das« den Herausforderungen ihres Alltags stellen würden, dann könnte unser Land nicht funktionieren.

Natürlich habe ich der Partei den Satz später auf zahlreichen Veranstaltungen erklären müssen. Bei diesen Gelegenheiten habe ich immer von Helmut Kohl und der Deutschen Einheit erzählt. Davon, dass er einer der Gründe dafür war, dass ich in der CDU gelandet bin. Damals, als nach dem Fall der Mauer der Jubel verklungen war, ging es bald um die

Frage, wie es nun weitergehen soll. Viele kritische Stimmen wurden laut. Da gab es Einzelne und ganze Gruppen, die gehetzt, geschimpft und vorgerechnet haben, was eine Wiedervereinigung kosten würde. Und dass das Ganze schlicht unmöglich sei. Und Helmut Kohl? Der stand einfach da. Schon aufgrund seiner körperlichen Statur wirkte er auf viele vertrauenerweckend. Seine ganze Haltung und sein Reden vermittelten damals: »Wir werden das schaffen! Wenn ein Land das kann, dann wir!« Daran habe ich in der Zeit der sogenannten »Flüchtlingskrise« erinnert. Manche habe ich auf diese Weise tatsächlich zum Nachdenken bringen können. Und ich kann zumindest sagen, dass die Stimmung meistens sehr viel freundlicher als vorher war, wenn ich nach solchen Veranstaltungen den Saal verließ. Aber wer weiß, wie lange das angehalten hat, wenn ich weg war.

Die Sicht der Menschen im Ausland war meist viel positiver. Wir sollten nicht geringschätzen, wie sehr die Entscheidungen im Herbst 2015 nach der fröhlichen Fußballweltmeisterschaft 2006 erneut das positive Bild unserer Nation international gestärkt haben: Deutschland als eine Macht in der Mitte Europas, die verantwortlich handelt, Menschen in Not hilft und den eigenen Einfluss und Wohlstand einsetzt. Das hat dem Ansehen unseres Landes in der Welt auf Jahre gutgetan. Davon bin ich überzeugt.

Der Satz »Wir schaffen das« bringt eine Haltung zum Ausdruck, die Politik haben sollte: vorwärtsgewandt, lösungsorientiert, selbstbewusst! Viele Menschen waren und sind gerade wegen dieses Satzes auch stolz auf die Kanzlerin – und auf unser Land.

Von Beginn an gibt es neben der Zustimmung und der großen Hilfsbereitschaft auch viele kritische und ablehnende Stimmen. Gerade unsere Parteizentrale ist eine Art Prellbock in der Diskussion. Nicht nur Mitglieder, sondern viele Bürger melden sich – meist nicht sehr diplomatisch und freundlich, wenn sie ihre Ablehnung der Politik Merkels zum Ausdruck bringen wollen. Da müssen die Mitarbeiterinnen und Mitarbeiter einiges aushalten. Umso wichtiger ist es, dass sie wissen, woran sie sind. Da ist Führung gefragt. Angela Merkel ist ja nicht immer da. Leider gehen manchem leitenden Mitarbeiter die Nerven durch. So kommt es, dass ich die Politik der Kanzlerin aus Überzeugung und wortstark verteidige – auch nach innen –, während andere durch ihr Auftreten die Sorgen und Zweifel verstärken.

Der Streit in der Partei bleibt im Medienzeitalter nicht intern. Das ist vor allem auf der persönlichen Ebene sehr enttäuschend. Es passiert immer wieder, dass ein Journalist über mich berichtet und dabei eine kritische anonyme Stimme aus der CDU nutzt. Zu einem guten Teil weiß ich genau, welche Kollegen da im Hintergrund die Stichwortgeber sind. Dass sie nicht den Mut und den Anstand besitzen, mich offen anzusprechen und stattdessen einen solchen Weg gehen, schadet nicht nur der Partei, sondern tut mir einfach weh. Ärgerlich ist es in jedem Fall.

Es gibt übrigens einen großen Unterschied zwischen der Parteibasis und den Funktionären. Die Mitglieder ärgern sich und äußern ihren Unmut oft sehr direkt und offen, sie hören aber auch zu und respektieren die Meinung anderer meistens auch dann, wenn sie nicht der eigenen entspricht. Ich besuche pro Jahr über hundert Kreisparteitage und erlebe es nicht ein einziges Mal, dass mir mit Häme oder Spott begegnet wird. Die Mitglieder an der Basis sind froh. Sie können ihren Unmut kundtun. Das Unverständnis und der Ärger über die Politik in Berlin sind oft groß, aber immerhin hat der Generalsekretär sich die Zeit genommen und zugehört.

Die Schwäche, keine Schwäche zeigen zu können

Um mich gegen all die Angriffe zu schützen, lege ich mir eine Art Schutzpanzer zu. Immer stark, immer souverän, so will ich wirken. Kritik lasse ich möglichst nicht an mich herankommen. Nach außen wirkt so ein Verhalten natürlich mitunter überheblich. Zu spät merke ich, dass ich meinen inneren Schutzschild, meinen Panzer, nicht einfach ausziehen kann, wenn ich in Situationen bin, in denen ich ihn nicht brauche.

All das hat Auswirkungen auf mich, mein Privatleben. Zum einen habe ich kaum noch freie Zeit, so sehr bin ich mit meinen bisherigen Aufgaben und dem neu hinzugekommenen Krisenmanagement beschäftigt. Wenn ich mal mit Freunden etwas machen möchte, dann müssen wir uns lange im Voraus verabreden. Spontan am Wochenende etwas unternehmen – das gibt es nicht. Aber das ist nicht das einzige Problem. Ich beginne plötzlich auch privat wie der Abgeordnete im Bundestag zu agieren. Ich kann einfach keine Schwäche zeigen. Und ich bin schlichtweg nicht in der Lage, über Ängste und Fehler zu sprechen. Dafür müsste ich sie mir ja selbst eingestehen.

Diese Schwäche, keine Schwäche zeigen zu können, zerstört vieles. Ich verstehe einfach nicht, dass ich zu Hause anders sein kann und auch muss als im Job. Dass ich dort nicht der Manager und der Stratege sein, alles unter Kontrolle haben muss.

Mir wird erst viel später klar, wie sehr mich die Kämpfe in Berlin auch persönlich verändern – und belasten. Sie haben Auswirkungen bis in die tiefsten Schichten meiner Persönlichkeit.

Es gibt nur wenige Momente, in denen ich das zumindest erahne. Aber ich habe keine Zeit, darüber nachzudenken. Besser gesagt: Ich will sie mir nicht nehmen, denn es sind ja keine angenehmen Gedanken, die man sich dann machen muss. Stattdessen stürze ich mich in die Arbeit und komme gar nicht auf die Idee, einen anderen Weg einzuschlagen.

Ständig versuche ich, der zu sein, der immer hilft, wenn Not am Mann ist, ohne selbst jemals Hilfe zu brauchen. »Kein Problem, da kümmere ich mich drum«, »Das erledige ich«, »Das verstehe ich« sind Sätze, die man häufig von mir zu hören bekommt. Mir gelingt es nicht, einfach mal zu sagen: »Nein! Das mache ich nicht!« Dafür bezahlen die Menschen um mich herum, aber auch ich selbst, einen hohen Preis. Denn ich schaffe es auch privat nicht mehr zu sagen, was mich stört oder wie ich die Dinge sehe. Ich weiche Problemen aus, anstatt sie anzusprechen.

Was mir in dieser schwierigen beruflichen Phase sehr hilft, ist die Mannschaft, die ich um mich habe: meine Sekretärinnen, mein Büroleiter, mein persönlicher Referent und der Pressesprecher der Partei. Gut zu wissen, dass sie sich um mich kümmern.

Einmal stehen bei einer Besprechung plötzlich Gummibärchen vor mir. Wer mich kennt, der kann wissen, dass ich da immer zugreife. Süßigkeiten sind ein bisschen Balsam für die Seele.

Das einzige Mal, dass mir öffentlich die Tränen kommen

Auf dem Höhepunkt der Flüchtlingskrise lade ich in meiner Heimat Gelnhausen zu einer Veranstaltung ein, erkläre die Lage aus meiner Sicht, skizziere noch einmal den Verlauf der Ereignisse bis dato und werde grundsätzlich. Dabei mache ich deutlich, dass man das C im Namen der Partei nicht nur in Sonntagsreden bemühen kann. Es muss gerade dann mit Leben gefüllt werden, wenn es uns persönlich etwas kostet.

Es sind sehr gute Gespräche, die wir an diesem Abend führen. Zahlreiche Menschen, denen es ein großes Bedürfnis ist, sich über die aktuelle Lage auszutauschen, kommen zusammen. Und es sind auch die da, die skeptisch sind. Parteifreunde, die die Politik der Kanzlerin für falsch halten. Dennoch spüre ich eine Atmosphäre, die ich in Berlin häufig vermisse: offen, ehrlich, direkt. Mitunter zwar kritisch, aber immer mit Respekt.

Mein Ziel ist es, Verständnis für unsere Entscheidungen auf der großen politischen Bühne zu wecken, den Zuhörern zu erklären: Warum hat Angela Merkel diese Entscheidung überhaupt getroffen? Welche Maßnahmen ergreift die Bundesregierung? Im Detail erläutere ich, was wir konkret unternehmen, um die Herausforderung zu stemmen. Was wir tun, um einerseits den Menschen, die zu uns kommen, zu helfen, und andererseits die Anzahl der Neuankömmlinge zu reduzieren. Und mir ist wichtig, am Ende die Frage zu betonen: Was können eigentlich wir, also jeder Einzelne, tun?

In der Vorbereitung des Treffens habe ich mein Büro gebeten, in jedem CDU-Stadtverband in meinem Wahlkreis anzurufen und zu fragen, ob und in welcher Form man sich dort für Flüchtlinge engagiert. Ich bin überwältigt von den zahlreichen Rückmeldungen, die wir daraufhin bekommen. Überall gibt es Berichte von Mitgliedern, die sich persönlich engagieren. Beim Sozialdienst katholischer Frauen, in der Jungen Union, bei den Landfrauen oder mit einer eigens gegründeten Initiative – nahezu überall sind CDU-Mitglieder dabei. In der Diskussion merke ich, welche Herausforderung dies alles für die Partei ist. Aber es gilt auch, dass die Krise für viele Parteimitglieder mit einer Art Erweckungserlebnis einhergeht: »Jetzt reden wir mal nicht übers C, jetzt machen wir's.«

Eine Geschichte bewegt mich ganz besonders: Ein älterer Herr hat mir erzählt, dass er Deutschunterricht gibt und Flüchtlingen bei Behördengängen hilft. Als kleines Kind war er selbst während des Krieges mit seiner Familie vertrieben und irgendwann mutterseelenallein mit dem Zug zu den ihm fremden Verwandten nach Hessen geschickt worden. Als er dort am Bahnhof ankam, da habe er sich so alleine gefühlt wie nie wieder in seinem Leben. Dieses Gefühl will er den jungen Flüchtlingen ersparen und ihnen eine Chance geben. Während ich davon berichte, kommen mir die Tränen. Wer das nicht sieht, der merkt es an meiner Stimme. Ich will die Emotionen unterdrücken, aber kann es nicht. Und ich bin froh, dass mir das nicht in Berlin passiert ist. Es ist jedenfalls an diesem Abend mucksmäuschenstill im Saal. Anschließend sagt einer der Anwesenden: »Der Peter ist so überzeugt von dem, was er tut, dann muss das richtig sein.«

Normalerweise gelingt es mir, derartige Gefühlsregungen zu unterdrücken, auch um mir keine Blöße zu geben und anderen damit zu signalisieren, dass ich angreifbar bin. Doch hier, in meiner Heimat, ist es anders. Vielleicht sagt mir mein Unterbewusstsein, dass ich hier gut aufgehoben bin – im wahrsten Sinne des Wortes. Vielleicht wäre das Ganze in einem Kreisverband, in dem die Menschen mich nicht als »Peter«, sondern nur als »Herr Generalsekretär« kennen, anders gelaufen – vor allem, wenn Journalisten dabei gewesen wären. Ob diese die Situation so beschrieben hätten, wie die anderen Anwesenden sie erlebt haben?

Die Schlagzeile, dass hier ein gestandener Politiker weint, dass man mich dann vielleicht im ganzen Land als Heulsuse belächelt, das kann ich momentan überhaupt nicht gebrauchen. Emotionen, Gefühle zeigen – das will ich mir möglichst verkneifen!

Natürlich gibt es auch in Gelnhausen kritische Parteimitglieder, die mir klar sagen, dass sie all das Mist finden, was wir da in Berlin fabrizieren. Und das ist auch in Ordnung, man darf dieser Meinung sein. Der Unterschied zu vielen Kollegen in Berlin ist: Diese Menschen treten trotzdem weiterhin für mich ein oder sagen mir offen, wenn sie mir nicht mehr folgen können und wollen.

Der Kampf ums »C«

Es gibt zwei Lager in der Partei, die das C unterschiedlich verstehen. Während der Flüchtlingskrise ist dies so deutlich hervorgetreten wie selten zuvor. Die einen deuten das »C« aus einem konservativen Standpunkt heraus, der wenig mit der eigentlichen frohen Botschaft zu tun hat. Das Christentum und die Volkskirchen sind für sie ein wichtiger Teil der kulturellen deutschen Tradition, die es zu bewahren und zu fördern gilt. Daher ist es ihnen wichtig, beides von anderen Religionen abzugrenzen und vorrangig zu behandeln. Ein gutes Beispiel aus dieser Diskussion ist der Streit um den Satz »Der Islam gehört zu Deutschland«. Hier haben diejenigen, für die das Christentum vor allem Bestandteil ihrer konservativen Weltsicht ist, laut aufgeschrien und gesagt: Wenn man beginnt, den Islam als Teil der eigenen Kultur zu verstehen, wie sollen wir dann den Vorrang des Christentums bewahren? Muss es dann nicht untergehen? Interessanterweise sind es häufig dieselben Personen, die auch der Flüchtlingspolitik der Kanzlerin skeptisch gegenüberstehen. Klar, die Grundangst dahinter ist die gleiche. Viele befürchten, dass durch den Zuzug von Menschen aus fremden Kulturen die Gefahr besteht, dass wir unsere eigene Kultur und unseren Glauben nach und nach verwässern und irgendwann vielleicht ganz aufgeben müssen. Ich halte diese Sichtweise für falsch, weil sie zu kurz greift. Denn das C steht für so viel mehr als bloß Tradition, erhaltenswerte Strukturen oder Kultur.

Dass das Christentum in unserem Land auf dem Rückzug ist, hat nichts mit muslimischer Zuwanderung zu tun. Das

Hauptproblem ist – ganz einfach –, dass die Menschen nicht mehr in die Kirche gehen und die Säkularisierung seit Jahren munter voranschreitet. Nebenbei bemerkt kommt die übergroße Zahl der Einwanderer übrigens im Rahmen der europäischen Freizügigkeit aus christlich geprägten Ländern Ost- und Mitteleuropas nach Deutschland. Die größte Gruppe sind seit Jahren katholische Polen.

Wenn einem die Werte Familie, Arbeit, Vaterland – das konservative Trio – wichtig sind, kann man guten Gewissens in der CDU sein. Aber man kann das C nicht unter diesen drei Begriffen subsumieren. Weil das C etwas anderes meint. Es steht für Glaube, Liebe, Hoffnung, wie es Paulus in seinem Brief an die Korinther beschrieben hat. Diese drei Begriffe und die Werte, die sich daraus ableiten lassen, machen das Wesen des Christentums aus. Natürlich haben sich im Laufe von Jahrhunderten viele gute Traditionen entwickelt, christliche Bewegungen und Einzelne waren kulturprägend für unser Land, und die Kirchen spielen immer noch eine wesentliche Rolle im gesellschaftlichen Miteinander. Aber das Christentum darauf zu verkürzen, geht am Kern des Glaubens vorbei. Die Texte der Bergpredigt Jesu sind für den Einzelnen lebensverändernd. Der besondere Einsatz für die Schwachen, die Kranken und diejenigen, die Trost brauchen, das ist Jesus besonders wichtig. Vergebung statt Hass, Frieden statt Gewalt, Geben statt Nehmen – so könnte man seine Botschaft kurz und knapp zusammenfassen. Deswegen steht der soziale Flügel in der CDU dem C meiner Meinung nach sehr viel näher als die Konservativen. Es sind die christlichen Werte, die viele Menschen dazu bewegen, sich für die hier ankommenden Menschen zu engagieren. Sie handeln, weil ihnen die Aufforderung Jesu »Liebe deinen Nächsten wie dich selbst« wichtig ist.

Es geht mir nicht darum, das C gegen das Konservative auszuspielen. Im Gegenteil. Es könnte etwas Befreiendes für die Partei sein, wenn sie erkennt, dass das C und das Konservative zwar nicht deckungsgleich sind, es aber viele Schnittpunkte gibt. Festzustellen, dass es beiden Seiten darum geht, das Gute zu suchen, dass ähnliche Werte den Alltag bestimmen.

Die Flüchtlingskrise ist eine große Chance für die Partei, neu zu bestimmen, wie sie das C eigentlich definiert. Leider nutzt sie diese nicht. Als Generalsekretär sehe ich das Problem zwar, merke aber auch: Ich habe nicht die Kraft, das aufzubrechen. Dazu trägt auch das große Zerwürfnis zwischen CDU und CSU bei.

Vorahnungen

Manchmal merkt man intuitiv: Hier kommt etwas an ein Ende, das geht auf keinen Fall so weiter. Oder: »Das packst du nicht.« So empfinde ich es momentan. Nachts schlafe ich meist zu kurz und traumlos. Direkt wenn ich nach Hause komme, falle ich ins Bett. Keine Zeit für ein Buch; der Fernseher funktioniert nicht mehr, und ich schaffe es nicht, mich darum zu kümmern, ihn reparieren zu lassen. So etwas wie eine bleierne Schwere begleitet mich durch manchen Tag. Ich funktioniere. Mehr aber nicht. Wirklich abzuschalten und zur Ruhe zu kommen, das ist mir nicht möglich. Schnell noch ein

Blick aufs Telefon, die neuesten Nachrichten verfolgen, jemanden anrufen, die richtigen Weichen stellen. Dann fallen mir bald die Augen zu.

Immer wieder spüre ich, dass ich mit meinen Kräften am Ende bin.

In solch einer angespannten Lage macht man Fehler. Das will ich auf keinen Fall. Denn wer wie ich an der Spitze steht, wird auch permanent beobachtet. Es gibt Neider, die kaum eine Gelegenheit auslassen, einem Knüppel zwischen die Beine zu werfen. Und einige Journalisten scheinen nur darauf zu warten, dass man etwas Dummes sagt.

Hinter mir liegen anstrengende Wochen und Monate. Ich habe mir kaum eine Pause, keine Zeit zum Durchatmen gegönnt. Und auch wenn andere Schlagzeilen die Medien bestimmen, spürt man, dass manche Themen bleiben und die Menschen weiter intensiv beschäftigen werden. Fragen zum Umgang mit den Flüchtlingen, deren Integration und manchmal auch zur eigenen Identität bewegen viele. Ganz sicher werden uns all diese Fragen, ob wir wollen oder nicht, im bevorstehenden »Superwahljahr« wiederbegegnen. Für 2017 stehen nicht nur die Bundestagswahl an, sondern auch drei Landtagswahlen.

Es ist klar, dass die nächsten Monate nicht einfacher werden. Im Gegenteil. Unsere Ausgangssituation ist schwierig. Die Umfragewerte sind deutlich schlechter als vor vier Jahren. Viele Experten prognostizieren: Die drei kommenden Landtagswahlen im Saarland, Nordrhein-Westfalen und Schleswig-Holstein wird die CDU allesamt verlieren. Was das dann für die Bundestagswahl bedeutet? Keiner kann es sagen, aber mir ist irgendwie schon eine ziemliche Weile klar, dass auch ich endgültig »durch« sein werde, wenn diese Wahl vorbei ist. Noch im Zuge der Parteireform hatte ich mir vorgestellt, das Amt länger als eine Legislaturperiode auszuüben, weil Veränderungen Raum zur Entfaltung brauchen. Jetzt weiß ich intuitiv, dass meine Zeit zu Ende geht. Ich habe viel von der Partei verlangt, vielleicht zu viel. Für manches war die Zeit noch nicht reif. Nun gelingt es mir immer weniger zwischen den verschiedenen Parteiflügeln zu vermitteln. In den letzten Jahren war zu oft »klare Kante« angesagt. Ich habe deutlich Position bezogen und damit manche verprellt.

Zwischen den Jahren bin ich zu Hause in Gelnhausen und habe Zeit zum Nachdenken, Ausruhen. Silvester steht vor der Tür, mein Blick richtet sich auf das nächste Jahr. Ich werde Angela Merkel sagen, dass ich nach der Bundestagswahl nicht weiter Generalsekretär sein kann. Bis dahin will ich aber meine Arbeit erledigen, und das mit ganzer Kraft, so wie bisher auch. Die drei Landtagswahlen und die Bundestagswahl will ich mit bestreiten. Aber ich sehe auch die negativen Prognosen, höre die Unkenrufe. So sitze ich zu Hause und denke: »Das nächste Jahr wird schlimm. Ganz schlimm!«

Bald danach beginnt der Wahlkampf im Saarland. Für mich bedeutet das jede Menge zusätzliche Auftritte; dazu kommen verschiedene Parteisitzungen, die Klausurtagung des Bundesvorstands und Hintergrundgespräche. Oft reise ich nur für eine Abendveranstaltung, auf der ich vielleicht eine Stunde spreche, quer durch die Republik. Volle Konzentration wird gebraucht, jeder Satz muss sitzen. Das grelle Scheinwerferlicht auf der Bühne, der Lärm in der Halle und vor allem die Menschen, denen man gegenübertritt, fordern den ganzen Einsatz. Mal sind es große Veranstaltungen mit mehr als zweihundert Teilnehmern, mal kommen nur zwanzig. Aber das ist egal. Alle wollen überzeugt werden. Dazu kommen unerwartete Fragen, denen man sich im Interview stellen muss. Nach dem offiziellen Ende der Veranstaltung warten Journalisten. Es gilt Ruhe zu bewahren und sich nochmals zu konzentrieren, auch wenn die Zeit zur Abfahrt drängt. Und ich weiß: Morgen bin ich an einem anderen Ort. Das bedeutet wieder Adrenalin und Aufregung. Und ja, Wahlkampf macht Spaß – mir zumindest. Sonst wäre das sicher alles nicht zu schaffen. Es führt aber dazu, dass man mögliche Warnsignale nicht hört oder hören will.

Wenn abends nach einer Veranstaltung kein Flieger mehr geht, fährt man die Strecke nach Berlin notfalls im Auto und ist erst um drei oder vier Uhr früh im Bett. Wie oft muss ich mir an solchen Tagen selbst sagen: Jetzt stehst du auf! Egal wie müde du bist ... Ich funktioniere, damit ich pünktlich zur Morgenlage im Kanzleramt bin, und lebe ständig am Limit.

Jedes Jahr besuche ich über 100 Kreisverbände im ganzen Land. Das ist mein eigener Anspruch, um für die Parteibasis greifbar zu sein. Häufig passiert es, dass mehrere Termine auf denselben Tag fallen, denn das Team versucht, meinen Tag so effizient wie möglich zu gestalten. Er beginnt beispielsweise morgens um 9 Uhr mit einem Unternehmerfrühstück, dann folgt direkt ein Interview bei der Lokalzeitung oder einem regionalen Radiosender. Auf dem Weg zu den Terminen finden notwendige Telefonate statt, oder man liest die Vorbereitung für die nächsten Veranstaltungen noch einmal durch. Von einem Betriebsbesuch geht es weiter zu einem Kaffeenachmittag mit der Senioren-Union, und wenn es passt, dann schaut man noch beim örtlichen Kandidaten am Infostand vor dem Supermarkt vorbei, um den ehrenamtlichen Wahlkämpfern der Partei ein Dankeschön zu sagen. Überall wo ich bin, nehme ich mir außerdem Zeit, die CDU-Kandidaten beim Haustürwahlkampf zu unterstützen. Das macht viel Spaß, ist aber auch anstrengend. Der Tag endet dann wieder mit einer klassischen Saalveranstaltung, die um 20 Uhr beginnt.

Wahlkampf ist sieben Tage die Woche. Zeit zur Erholung bleibt kaum.

Vielleicht will ich gar nicht anhalten, weil ich nicht weiß, was dann passiert. Und das ist durchaus bildlich gesprochen. In den vier Jahren als Generalsekretär reiße ich 400 000 Kilometer im Auto ab. In der Regel werde ich gefahren, nur in meiner Heimatregion setze ich mich auch mal selbst ans Steuer. Ich fahre gerne Auto, aber es wäre unverantwortlich, wenn ich mich nach einer Veranstaltung um 22 Uhr noch drei Stunden hinters Lenkrad klemmen würde, um zurück nach Berlin zu fahren. Außerdem nutze ich die Zeit zum Telefonieren, das Lesen und Schreiben von E-Mails sowie Tweets und Postings in sozialen Netzwerken.

Stellschrauben, die man hat, um den Stress in einer solchen Phase etwas zu reduzieren, gibt es nur wenige. Entweder macht man sein Amt ganz oder gar nicht! Natürlich kann man seine Teilnahme an einem Kreisparteitag, der am Wochenende stattfindet, absagen. Aber das geht nur in Ausnahmefällen. Sonst heißt es irgendwann: Peter Tauber interessiert sich nicht für die Basis. Zudem bekommt man nicht mit, was die Menschen vor Ort umtreibt. Wenn ein Verband den Generalsekretär sehen will, ist es eine Frage der Wertschätzung gegenüber den Ehrenamtlichen in der Partei, dass man alles versucht, um dorthin zu fahren. Deswegen nehme ich derart viele Termine im Jahr wahr. Für die Termine in den Kreisverbänden sage ich sogar Talkshow-Auftritte ab. Klar könnte ich via TV deutlich mehr Menschen erreichen, vielleicht sogar ein Millionenpublikum – aber würde eben auch 150 enttäuschen, die sich schon viele Jahre für die Partei ehrenamtlich engagieren und sich seit Wochen auf den Abend freuen.

Was man sich immer vor Augen führen muss: Ich habe mir das alles aus freien Stücken ausgesucht. Selbstmitleid ist völlig fehl am Platz. Dann darf man ein solches Amt nicht ausüben. Aber diese Sicht bringt die verlorenen Kräfte nicht wieder zurück. Und ich schaffe es nicht, mir endlich einzugestehen, dass ich längst an der Belastungsgrenze angekommen bin. Oder eigentlich schon darüber. Zudem denke ich, dass das so sein muss. Ein Fehler.

Fassungslos

Den bereits erwähnten Wahlkampfauftritt in Torgau werde ich wohl den Rest meines Lebens im Gedächtnis behalten. Auch wegen einer Szene, die sich auf dem Weg zur Rednerbühne ereignet. Am Rande des zentralen Platzes gibt es ein

Hotel, das wir passieren müssen, um geschützt von hinten an den Bühneneingang zu kommen. Als Angela Merkel und ihr Team durch den Hotelflur gehen, schaut eine Frau – sie war wohl Gast dort – die Kanzlerin mit hassverzerrter Miene an und sagt ihr ins Gesicht: »Du Fotze!«

Ich bin fassungslos. Was hier geschieht, ist unglaublich respektlos! Der Satz ist nicht im Affekt gefallen, die Frau wusste mit hoher Wahrscheinlichkeit – das war durch den Sicherheitsdienst und das ganze Drumherum nicht zu übersehen –, dass die Kanzlerin dort vorbeikommen würde. Sie muss sich das richtig vorgenommen haben. Das finde ich ganz, ganz schlimm.

Bei dem anschließenden Auftritt schaue ich auf den Platz, beobachte das gesamte Szenario und darf mir nichts anmerken lassen: Weder die Fassungslosigkeit noch die Abscheu, die ich empfinde. Denn sehr viele Menschen benehmen sich hier an diesem Nachmittag derart ungehobelt, dass ich wütend und traurig zugleich bin. Sie schreien Beleidigungen und verunglimpfen die Kanzlerin der Bundesrepublik Deutschland. Wie kann man einen Repräsentanten unseres Staates derart behandeln! Ist das nicht schon Selbsthass, wenn es an jeglicher Form des Respekts und der Wertschätzung vor dem Amt des Regierungschefs mangelt? Es geht um viel mehr als um die Kritik an den Entscheidungen einer Person. Hier werden für mich Grenzen des Anstands überschritten. Das sind keine besorgten Bürger, die sich so benehmen. Das sind Feinde der Freiheit und der Demokratie. Und darunter jede Menge neue Nazis. Da hört für mich jedes Verständnis auf. Und mit dem christlichen Abendland hat das, was man hier sieht, nichts zu tun.

Solche Erlebnisse bestätigen mich deshalb in meiner Haltung. Sie festigen mich in meiner Überzeugung, dass es richtig ist, sich mit aller Kraft für eine offene und empathische Gesellschaft einzusetzen. Eine Gesellschaft, die bei Not – auch der Not von Fremden – nicht wegschaut, sondern überlegt, wie man helfen kann. Da darf man dem rechten Pöbel nicht weichen. Keinen Zentimeter. Da weiß man, warum man dagegenhält. Da ist der Schild, von dem ich schon gesprochen habe, etwas Gutes – und da funktioniert er auch.

Neben solchen Momenten wie dem in Torgau gibt es auch weitere Anfeindungen, zum Beispiel die zahlreichen Attacken in sozialen Netzwerken. Ich höre irgendwann auf, alle Nachrichten, die mich erreichen, selbst zu lesen, weil ich es nicht mehr kann. Dort gibt es wüste Beschimpfungen bis hin zu Morddrohungen. Einige solcher Attacken bringen wir zur Anzeige. Die Täter werden verfolgt und auch verurteilt, müssen eine Strafe zahlen. Das Geld wird für gemeinnützige Zwecke eingesetzt. Gut so!

Gerade das Netz wird in dieser Zeit – so zumindest empfinde ich es – zu einem Kampfplatz in der Diskussion, den die Hetzer leider deutlich für sich entscheiden können. Hier schaut man nur auf die negativen Ereignisse, will das Positive gar nicht wahrhaben. Wenn ein Flüchtling kriminell geworden ist, wird diese Geschichte wieder und wieder geteilt. Vergewaltigungen werden nur dann thematisiert, wenn der vermeintliche Täter einen Migrationshintergrund hat, bei Gewaltverbrechen ist es ähnlich. Die Zunahme rechtsextremer Gewalt hingegen wird verharmlost, und das teilweise sogar von höchster Stelle, wie durch den ehemaligen Präsidenten des Verfassungsschutzes, der ja eigentlich ein Hüter der Verfassung sein soll.

Die positiven Schlagzeilen und die guten Geschichten gibt es natürlich auch. Erstaunlich viele Flüchtlinge sind in einer Ausbildung oder haben sogar einen sozialversicherungspflichtigen Job gefunden. Die Zahl der neu ankommenden sinkt weiter, die Zahl der Rückkehrer in die Heimat steigt, doch werden solche Meldungen kaum registriert. Woran liegt das?

Zum einen sicher daran, dass man regelrecht Angst vor einem Shitstorm haben muss, wenn man sich pro Flüchtlingsaufnahme äußert. Denjenigen, die Hilfe für Menschen in Not prinzipiell richtig finden, die Europa angesichts des Sterbens auf dem Mittelmeer kritisch den Spiegel vorhalten, stehen die gegenüber, die aus vollster Überzeugung und tiefstem Hass eine solche Politik ablehnen. Und diese Stimmen sind laut. Wenn sie sich äußern, springen sie einen regelrecht an. Sie belassen es nicht bei einem energischen »Nein«, sondern diffamieren und beleidigen auf eine Art, dass man nur den Kopf schütteln kann.

Die meisten Menschen haben eine gute Kinderstube und pflegen gewisse Umgangsformen. Wir sagen beispielsweise freundlich »Guten Tag« und »Auf Wiedersehen«. Wenn wir nett sind, dann lassen wir an der Kasse im Supermarkt sogar mal jemanden vor, der nur eine Packung Fischstäbchen kaufen will, während unser Einkaufswagen komplett voll ist. Vielleicht wird diese Form des Miteinanders weniger, aber grundsätzlich ist es so. Seit der Flüchtlingskrise, das ist der traurige Befund, ist es damit zumindest im Internet vorbei.

Rücksichtnahme, Zuhören, das Akzeptieren von anderen Meinungen gibt es in den sogenannten sozialen Netzwerken kaum noch. Aber so kann keine Diskussion entstehen. Das schreckt viele ab, die eigentlich guten Willens sind und eine andere Meinung vertreten. Die Folge ist, dass wir nur noch die extremen Meinungen hören. Dabei ist die Idee sozialer Netzwerke so gut. Wir sollten diese Räume von den Hasspredigern der neuen Art zurückerobern und nutzbar machen für ein verständnisvolles Miteinander. Sonst laufen wir Gefahr, dass sich die Verrohung der digitalen Welt mehr und mehr auf unseren Alltag überträgt.

Zum Höhepunkt der Flüchtlingskrise gibt es noch einen anderen Effekt: Diejenigen, die anpacken und helfen, sind viel zu beschäftigt, um nebenbei noch lange Diskussionen im Netz zu führen. Sie schreiben nicht zehnmal auf Facebook, warum sie sich engagieren und was sie Positives erleben. Ganz im Gegensatz zu vielen rechten Hasspredigern im Netz. Einige machen anscheinend den ganzen Tag nichts anderes als zu hetzen, anstatt Verantwortung für Menschen zu übernehmen, die unsere Hilfe dringend benötigen.

Aus meiner Sicht darf es kein falsches Verständnis für diejenigen geben, die soziale Netzwerke nutzen, um zu hetzen. Aufgebracht durch eine laufende Debatte, formuliere ich selbst so, wie es weder für den politischen noch für den akademischen Diskurs angebracht ist, sondern eher direkt. Man könnte auch sagen: derb. Einen, der übel gegen Flüchtlinge hetzt, bezeichne ich als »Drecksnazi«. Das pikiert manche, aber es bringt mir auch viel Zuspruch. Endlich mal ein bürgerlicher Spitzenpolitiker, der klare Kante gegen die neuen und die alten Nazis zeigt. Zugegeben, über die Wortwahl kann man streiten. Ist mir das auf Twitter irgendwie rausgerutscht? Handle ich emotional und unüberlegt? Ist die Belastung zu groß? Auf jeden Fall ist es dennoch keine der Debatten, bei der ich rückwirkend sage: Das hättest du dir besser verkneifen sollen. Da fallen mir andere ein. Dem neuen alten Ungeist muss man entschieden entgegentreten. Auch mit klaren Worten.

Die Lautstärke verzerrt das Bild. Tatsächlich ist es nur ein Teil der Gesamtbevölkerung, der so denkt. Es ist längst nicht die Mehrheit, und wir sind weit davon entfernt, dass das die Mehrheit wird. Doch man darf sich nicht täuschen. Bei aller Banalität des Bösen gehen diese Menschen gezielt vor, um Grenzen des Sagbaren zu verschieben. Und es gibt einen Gewöhnungs- und Abnutzungseffekt. Wer rechte Hetze brandmarkt, dem schallt der Vorwurf entgegen, er wolle die Meinungsfreiheit beschränken. Nichts ist so falsch wie das. Die Meinungsfreiheit ist kein absolutes Grundrecht, sondern sie steht immer in Verhältnis zu anderen Grundrechten. Beleidigungen, ehrverletzende Äußerungen oder auch das Leugnen des Holocausts sind Beispiele dafür, dass das Sagbare Regeln unterliegt. Wir tun gut daran, solche Regeln aufzustellen und für deren Einhaltung zu sorgen. Es sollte jedem klar sein, dass man für das Gesagte geradestehen muss. Rechte hetzen laut gegen Andersdenkende, aber wenn man ihnen deutlich macht, dass sie außerhalb des gesellschaftlichen Konsenses stehen, dann jammern sie. Ich meine, wer dummes Zeug redet, der muss auch die Folgen ertragen.

Wir brauchen mehr Menschen, die aktiv Stellung beziehen. Von der Idee, man könne mit Rechtsextremen reden, bin ich nicht überzeugt. Ich finde es wichtig, sich von all dem Bösen nicht entmutigen zu lassen, Farbe zu bekennen und mit den guten Geschichten dagegenzuhalten – ohne so zu tun, als gäbe es die anderen nicht. Denn die rechten Kreise setzen ja nur darauf, dass man sich wegen der Angst vor einem Shitstorm mit seiner Meinungsäußerung zurückhält. Einschüchterung ist ein gängiges Prinzip.

Ich muss mir eingestehen, dass ich durch den täglichen Kampf dünnhäutiger werde. Inzwischen bin ich leichter gereizt, weniger geduldig. Mir gehen Anfeindungen schneller als früher nahe. Und ich muss mich öfter zu Dingen zwingen, die mir vorher leicht von der Hand gegangen sind. Die täglichen Kämpfe innerhalb der Partei sind zusätzlich eine starke Belastung – wenn nicht die stärkste. Eine Frage, die ich mir zunächst nur unbewusst stelle: Wann ist meine persönliche Schmerzgrenze erreicht? Wie lange halte ich dem allen stand? Dem Druck, der angesichts der Wahlen auf mir lastet? Den Angriffen der politischen Gegner und der sogenannten Parteifreunde?

Meist schiebe ich diese Gedanken sehr schnell beiseite. Täglich erlebe ich, wie gelassen und fast stoisch Angela Merkel, die ja viel mehr als ich Zielobjekt der meisten Anwürfe und des Hasses im Netz ist, agiert. Es wirkt, als berührte sie das alles kaum. Sie fokussiert sich auf die eigentlichen Probleme, als ob sie keine Zeit habe, um sich mit »Nebensächlichkeiten« aufzuhalten. Häufig denke ich: Wahnsinn, wie diese Frau das aushält. Die Haltung von Angela Merkel hilft mir in dieser Phase sehr. Wenn sie das durchhalten kann, so mein Eindruck – dann muss ich das auch können. Auf die Idee, dass die Schmerz- und Belastungsgrenze bei jedem Menschen anders verläuft, komme ich gar nicht. Ich habe sicherlich Stärken und Fähigkeiten, aber eine gute Selbstwahrnehmung gehört nicht dazu. Da ich nicht gelernt habe, mich selbst zu fragen, wie weit ich gehen kann, ohne Schaden zu nehmen, laufe ich eben einfach immer weiter.

Durchhalten

Was würde eigentlich passieren, wenn ich von mir aus sage: »Hier endet es, ich bin raus«? Mir ist klar, dass ich das nicht tun werde. Ein Grund dafür ist, dass ich Angela Merkel nicht im Stich lassen will. Ein Teil der Kritik, die ich erfahre, gilt eigentlich ihr, das ist mir bewusst. Die Partei weiß, dass es nicht sinnvoll ist, die eigene Vorsitzende und Bundeskanzlerin öffentlich zu kritisieren und auf diese Weise das Amt zu beschädigen. Also greift man stattdessen mich an. Und ich versuche, die Schläge, die ich abbekomme, weiter tapfer auszuhalten. Ein geschwächter Generalsekretär, der im Feuer steht – von Partei, Journalisten und dem politischen Gegner attackiert –, ist aber immer noch besser, als einer, der nicht standhält und aufgibt. Denn das würde den Druck, so scheint es mir, direkt auf Angela Merkel verlagern.

Für mich ist klar: Ich mache weiter, aus voller Überzeugung. Deshalb ordne ich alles der Frage unter, was der Parteivorsitzenden hilft. Meine persönlichen Bedürfnisse müssen warten bis zum Jahr 2018, so der Plan. Vor dem Ende des Superwahljahres aufzuhören kommt für mich nicht infrage. Ich bin ein loyaler Mensch, Verbindlichkeit ist mir wichtig, gerade in Krisenzeiten. Bei einem vorzeitigen Rücktritt würde es heißen: Der Generalsekretär verlässt das sinkende Schiff, die Kanzlerin hat den Falschen ausgesucht. Das will ich keinesfalls, denn es widerspricht all meinen Überzeugungen von Durchhalten, von Loyalität, von Treue. Und ganz ehrlich fehlt mir auch der Mut zu einem solch radikalen Schritt.

Die Ergebnisse der Landtagswahlen 2017 überraschen uns alle – und zwar positiv. Die Bilanz am Ende des Jahres ist viel besser als die Stimmung in der Partei. In Nordrhein-Westfalen und in Schleswig-Holstein löst die Partei mit Armin Laschet und Daniel Günther die SPD in der Regierung ab. Die Landkarte der Republik zeigt deutlich mehr »schwarze Länder« als zu Beginn meiner Amtszeit. Und alles beginnt im Saarland. Unser Erfolg dort ist die Grundlage für die weiteren Wahlsiege und für den Aufstieg von Annegret Kramp-Karrenbauer. Die CDU an der Saar ist eine tolle Truppe, trotz schlechter Umfragen kämpft sie für den Wahlsieg und erfindet praktisch den Haustürwahlkampf neu. Gemeinsam mit Annegret Kramp-Karrenbauer bin auch ich dabei.

Der Sieg an der Saar ist wie ein Weckruf für die Partei. Ab jetzt sehen die Vorzeichen für die Bundestagswahl anders aus. Die Umfrageergebnisse sind positiv, die Richtung stimmt. Ist mein Wunsch nach einer Veränderung doch voreilig? Würde ich nun, nachdem der schlimmste Stress ausgestanden ist, vielleicht einigermaßen in Ruhe weitermachen können? Kann ich jetzt die Früchte meiner Arbeit ernten? Immer wieder blitzen solche Gedanken in mir auf. Aber nein. Meine Entscheidung steht fest. Der Zeitpunkt, an dem ich mit der Chefin darüber sprechen werde, ist nah.

Unabkömmlich

Die Redewendung »himmelhoch jauchzend, zu Tode betrübt« umschreibt ganz wunderbar die Stimmung dieser Tage. Man kann das eigene Gefühlsleben auch als Achterbahn beschreiben. Trotz aller guten Momente kann ich eine bleierne Müdigkeit nicht abschütteln. Gleichzeitig gibt es unglaublich schöne Ereignisse, und ich erlebe Augenblicke voller Dankbarkeit und großer Freude. Aber wenn ich allein zu Hause oder im Hotel sitze, kreisen die düsteren Ahnungen, und ich merke deutlich, dass ich doch immer wieder zu dem Punkt komme: So geht es nicht weiter.

Warum bin ich, wenn es um mich selbst geht, nicht so konsequent, wie man es oft von anderen verlangt? Was hindert mich daran, eine Entscheidung für das Heute zu treffen? Warum versuche ich, den richtigen Zeitpunkt, von dem ich nicht weiß, was dann sein wird, in der Zukunft zu suchen? Ein Grund sind vermutlich die schmeichlerischen Gedanken, die sich immer wieder einstellen. Das Gefühl, dass ich gebraucht werde und unabkömmlich bin. Der Gedanke, dass es ohne mich nicht geht. Nach außen sieht das sogar nach bester preußischer Pflichterfüllung aus. Mir ist immer noch nicht richtig klar, dass ich diese Fassade auf Dauer nicht aufrechterhalten kann. Aber wenn man mal ehrlich ist, weiß man: Da macht man sich etwas vor. Es ist wie ein Nebel, durch den ich bislang nicht durchblicke.

Ein schöner Aphorismus des deutschen Dichters Friedrich Rückert fällt mir in dieser Zeit in die Hände: »Füge dich der Zeit, erfülle deinen Platz – und räum ihn auch getrost, es fehlt nicht an Ersatz.«

Warum lässt mich dieser Satz nicht los?

Ich habe eine Aufgabe übernommen und tue nach bestem Wissen und Gewissen meine Pflicht. Aber ich sollte so klug sein, nicht daran festzuhalten, wenn die Zeit gekommen ist, meinen Platz zu räumen. Der Gedanke ans Loslassen ist mir noch fremd. Und ob ich einfach so gelassen abtreten kann, wie es Rückert beschreibt, das weiß ich noch nicht. Aber der Gedanke daran hat etwas Befreiendes. Doch bis aus diesen Einsichten Entscheidungen werden, ist es noch ein weiter Weg.

Auf dem Weg zu einer Wahlkampfkundgebung spreche ich mit Angela Merkel. Die Zeit, sich in Ruhe zusammenzusetzen, um das, was mich umtreibt, zu besprechen, fehlte in den letzten Wochen. Aber jetzt passt es gut. Ich schildere ihr meine Sicht. Wir sprechen offen darüber, wie ich in der Partei gesehen werde, dass ich viele Pfeile auf mich ziehe, die sicher auch ihr gelten. Schließlich sage ich, dass ich zu dem Schluss gekommen bin, dass ich nach der Bundestagswahl kein Generalsekretär mehr sein kann – und dies vor allem auch selbst nicht mehr möchte. Die Kanzlerin widerspricht mir nicht. Ob und wie ich mich anderweitig einbringen kann, darüber wollen wir dann nach der Wahl sprechen. Und wir sind uns einig: Erst einmal müssen und wollen wir gewinnen.

Der Wahlabend lässt die CDU in einer fast schizophrenen Situation zurück. Wir haben mit 32,9 Prozent das schlechteste Wahlergebnis bei einer Bundestagswahl seit 1949 erzielt und sind trotzdem Wahlsieger. Immerhin haben wir mehr als 12 Prozentpunkte Vorsprung vor der zweitstärksten Kraft, der SPD. Angela Merkel kann und wird Kanzlerin bleiben. Das war, seit ich das Amt des Generalsekretärs übernommen habe, mein Ziel. Es ist alles durchgestanden. Mission erfüllt. Das ist der Lohn für die letzten vier Jahre. Und wir setzen noch einen drauf: Nach drei gewonnenen Landtagswahlen erreicht die CDU im Oktober auch in Niedersachsen eine Regierungsbeteiligung.

Aber die Stimmung in der Partei ist dennoch schlecht. Die Wahlen sind gewonnen, aber viele hatten sich ein besseres Ergebnis erhofft. Und an der Basis rumort es. Als ich Angela Merkel auf den Deutschlandtag der Jungen Union begleite, wissen wir beide, dass das kein leichter Auftritt für die Kanzlerin wird. Ich bin eigentlich nur aus Solidarität dabei, selbst werde ich an diesem Tag nicht sprechen. Aber ich stehe dennoch kurz im Fokus. Bei der Begrüßung gibt es ein paar Buhrufe. Ich gebe zu, dies ist einer der schlimmsten Momente in meiner bisherigen politischen Laufbahn und tut mehr weh als alle Attacken des politischen Gegners. Sicher auch, weil ich selbst sechs Jahre Landesvorsitzender der Jungen Union in Hessen war.

Als ich an diesem Abend nach Hause komme, habe ich keine Lust mehr. Innerlich bin ich längst auf dem Sprung, aber ich springe nicht. Pflichterfüllung ist wichtiger, sage ich zu mir selbst.

Zeichen

Vorerst begnüge ich mich damit, meinen Wunsch nach Veränderung symbolisch für mich selbst zu untermalen. Als Erstes kaufe ich mir einen Geländewagen. Ein solches Gefährt ist schon länger ein heimlicher Traum. Aber bisher habe ich ihn mir versagt, denn: »Was sollen die Leute denken?« Sicher werden sich manche darüber aufregen, dass ich nun einen so großen Wagen fahre – aber sind das die Menschen, die ich über mein Leben bestimmen lassen will?

Wenig später mache ich den Jagdschein, geleitet von dem Wunsch, etwas Neues zu lernen und zu erleben. Ich bin gerne draußen in der Natur. Und auch in dieser Frage ist mir schlichtweg egal, was andere davon halten. Meine Vorhaben in die Tat umzusetzen war im wahrsten Sinne des Wortes befreiend! Und dann besuche ich eine gute Freundin, ihr Mann ist Tätowierer, sie selbst eine Art wandelndes Bilderbuch. Schon vorher habe ich ihr gesagt, dass ich nicht ohne Tattoo nach Hause fahre. Schließlich lasse ich mir den Längen- und den Breitengrad der Marienkirche in Gelnhausen auf den rechten Unterarm tätowieren – als Ausdruck meiner Verbundenheit. Dort ist meine Heimat, Geborgenheit. So trage ich nun meine Stadt und den lieben Gott immer bei mir. Das gibt mir immer wieder, unabhängig davon, wo ich bin, das Gefühl von Ankommen und Zuhausesein. Die Tätowierung ist sicherlich auch Ausdruck einer kleinen Rebellion gegen die herrschenden Vorstellungen, wie ein CDU-Generalsekretär zu sein hat. Auch wenn das Tattoo auf dem Unterarm im Alltag kaum zu sehen ist, gibt es mir ein gutes Gefühl.

Dies alles sind Freiheiten, die ich mir jetzt nehme. Äußere Zeichen auf dem Weg zu einem anderen Leben. Ich habe sozusagen vollgetankt, aber noch nicht die richtige Route ausgesucht.

Das Riesenpensum an Terminen, das mich die letzten Monate in Beschlag genommen hat, ist geschafft. Aber ich merke, welche Spuren das alles hinterlassen hat. Bislang war ich sehr stolz darauf, gute Beziehungen zu vielen Parteikollegen zu pflegen, auch mal als Brückenbauer aufzutreten, mit Menschen auf Augenhöhe reden zu können, selbst wenn wir unterschiedlicher Meinung sind. Doch das ist längst nicht mehr so. Jetzt finde ich zu manchem keinen Zugang mehr, einige haben mir meine Haltung in Sachfragen nicht verziehen, und manche »Parteifreunde« haben sich von mir abgewandt. Niemals hätte ich gedacht, dass mir das passieren könnte, als ich den Posten angetreten habe.

Bin ich mir treu geblieben oder habe ich den Zwängen des Amtes nachgegeben? Das ist eine Frage, die ich mir bis heute nicht abschließend beantworten kann. Immer wieder bin ich Kompromisse eingegangen, was nicht zwingend schlecht ist, denn dies sorgt erst dafür, dass unsere Demokratie funktioniert. Doch wo ist die Grenze? Wann bedeutet der Kompromiss in Wahrheit die Preisgabe von festen Überzeugungen oder gar Selbstverleugnung?

»Kurz unterm Gipfel ist die Aussicht genauso gut«

Das Ergebnis der Bundestagswahl lässt nur zwei Möglichkeiten zu: Entweder es gibt wieder eine große Koalition oder erstmals eine Jamaika-Koalition mit der Union, den Grünen und der FDP. Die Sondierungen, wie die Vorgespräche vor Beginn der Koalitionsverhandlungen genannt werden, dauern einige Zeit. Das Gespräch mit der SPD endet relativ schnell, die Genossen sehen sich in der Opposition. Nun gibt es eine zaghafte Bewegung hin zu Jamaika. Zaghaft auch deshalb, weil in Niedersachsen erst Mitte Oktober Landtagswahlen sind, da will niemand im Vorfeld seine Chancen verschlechtern. Ich halte bei all diesen Gesprächen im wahrsten Sinne des Wortes die Stellung. Mit meiner Mannschaft im Konrad-Adenauer-Haus bereiten wir die anstehenden Gespräche mit den Verhandlungskommissionen der anderen Parteien organisatorisch vor und machen nebenbei Wahlkampf in Niedersachsen.

Dabei bin ich gespannt, wo die Reise hingeht und wie es nach der Regierungsbildung für mich ganz persönlich aussieht. Mir ist klar, dass meine Rolle, egal wie es kommt, nicht mehr in der ersten Reihe sein wird.

Ein Bild, das mir ein Freund mit auf den Weg gibt, gefällt mir gut. Er sagt mir: »Weißt du, kurz unterm Gipfel ist die Aussicht genauso gut wie ganz oben, aber der Wind ist nicht so heftig!« Er weiß, wovon er redet. Denn auch er war schon einmal ganz oben. Diese Perspektive einzunehmen hilft mir. Und ich nehme mir vor, mich auch in Zukunft weiterhin für die Dinge einzusetzen, die mir am Herzen liegen. Denn darauf kommt es an.

Ich ahne nicht, dass der Gedanke an Posten und Ämter schon kurze Zeit später völlige Nebensache ist und es für mich nur noch um eines gehen wird – mein Leben.

III
»UND DANN LIEGT MAN DA ...«

»Sterbe ich jetzt?« Der Gedanke ist plötzlich da. Ich bin allein in meinem Krankenzimmer auf der Intensivstation, als er mich überfällt. Es klingt komisch, aber der Gedanke macht mir keine Angst, eher bin ich traurig, denn ich lebe gerne. Es gibt vieles, was ich noch tun will. Aber es gibt auch diese Zeile im »Vaterunser«-Gebet. Dort heißt es: »Dein Wille geschehe.« Ist es jetzt das, was der liebe Gott will – dass ich sterbe? Ein Gefühl der Ergebenheit erfasst mich. Nichts ist da, was mich ablenken könnte.

Natürlich will ich nicht sterben! Aber es wird mir bewusst, dass ich das nicht selbst in der Hand habe. Das ist neu für mich – ich kann nichts tun, die Situation nicht selbst in die Hand nehmen. Ich muss mich geschlagen geben, wenn es so sein soll. Lange habe ich in dem Gefühl gelebt, dass alles, was geschieht, von mir und meinem Tun abhängt. Das war sicher falsch. Und die Erkenntnis, dass es so vieles gibt, was ich nicht ändern kann – sie ist befreiend. Ich bin an eine Grenze gekommen.

Nach der Notoperation kann ich nicht mehr alleine aufstehen, mich kaum bewegen. Als mich zwei Pfleger umbetten wollen und meine einzige Aufgabe darin besteht, die linke

Körperhälfte etwas anzuheben, bin ich danach völlig geschafft. Ich merke zum ersten Mal in meinem Leben, wie schwach ich eigentlich bin. Und diese Schwäche kann kein Wille bezwingen. Verstecken oder überspielen lässt sie sich nicht, ich muss sie annehmen.

Wer mich sieht, der weiß, wie es um mich steht. Nüchtern stelle ich fest, wie wenig es braucht, um mich komplett außer Gefecht zu setzen. Und wie lange es gedauert hat, bis mir das klar geworden ist! »Wie ist das klein, womit wir ringen, was mit uns ringt, wie ist das groß«, hat Rilke einmal gedichtet. Das erkenne ich nun auch für mich. Seltsam, dass der Text mir gerade jetzt in den Sinn kommt. Nur wenige Wochen ist es her, dass ich Marathon gelaufen bin. Und wenn ich ehrlich bin, hätte ich nicht gedacht, dass mich etwas derart schnell umwerfen kann. Zumal ich ja der festen Überzeugung war, dass die größten Hindernisse überwunden sind. Ich hatte es doch durchgestanden, meine Aufgabe bewältigt! Mit Härte gegen mich und auch gegen andere. Als ich nun im Bett liege und abwechselnd an die Wand und aus dem Fenster schaue, dann wieder auf die Geräte und die Schläuche, die zu meinem Körper führen – es sind über zehn –, denke ich wieder über das Sterben und den Tod nach. Und ich denke auch: »Jesus, ich bin dir nicht böse, wenn es jetzt vorbei ist!«

Meinen kindlichen Glauben an einen guten Gott habe ich mir bewahrt, seitdem meine Oma mit uns am Bett zusammen das Abendgebet gesprochen hat: »Ich bin klein, mein Herz ist rein, niemand soll drin wohnen als Jesus allein.« Nun bin ich schon lange nicht mehr klein … Aber der Glaube an einen Gott, der schützend mitgeht, ist tröstlich.

»Ein Indianer kennt keinen Schmerz ...«

Die Regierungsbildung war längst auf bestem Wege. Ich bringe das jetzt noch ordentlich zu Ende, dachte ich. Und die paar Leute, die mir vorwerfen, dass ich an dem schlechten Wahlergebnis schuld bin, halte ich auch noch aus. Längst habe ich den notwendigen Abstand und kann kritisch auf das schauen, was um mich herum geschieht – und dann werde ich krank. Sicherlich ist das kein Zufall. Die Systeme im Körper fahren zurück, nun schlägt die Krankheit zu. So wie mancher zu Beginn des Urlaubs eine Erkältung bekommt.

Meine Krankengeschichte beginnt am 31. Oktober 2017, dem Reformationstag. In ganz Deutschland ist das in diesem Jahr ein Feiertag, doch ich sitze mit meinem Büroleiter Axel Tantzen, diesem fürsorglichen, herzensguten und unglaublich erfahrenen Parteistrategen, zusammen im fünften Stock des Konrad-Adenauer-Hauses und bespreche die nächsten Schritte. Wir bereiten die Koalitionsverhandlungen am nächsten Tag vor. Abends bin ich zum Essen mit einer Bekannten verabredet. Tags zuvor habe ich mir meinen Wunsch erfüllt und bin beim Frankfurt-Marathon gestartet. Und ich bin ins Ziel gekommen. Die Zeit war mir egal, denn ich konnte ja wegen des Wahlkampfes nicht wirklich trainieren. Ankommen war das Ziel. Das passt gut zu meiner inneren Stimme, die mir zuflüstert: Durchhalten, ankommen, bald ist es geschafft.

Nach dem Marathon bin ich direkt nach Berlin zurückgefahren. Und jetzt sitze ich wieder im Büro. Besagter Axel Tantzen, die treue Seele, bringt mir mittags einen Burger mit.

Wenn man jemanden wie ihn um sich hat, dann kann einem eigentlich nichts passieren. Eine Seele von Mensch. Daran, dass ich ihm an diesem Tag dreimal sage, dass mir irgendwie schlecht ist, kann ich mich erst wieder dunkel erinnern, als er es mir nach meinem Zusammenbruch berichtet. Seine manchmal sorgenvollen Ratschläge habe ich wohl zu oft in den Wind geschlagen.

Das Abendessen beginnt schon recht früh. Wir unterhalten uns gut und probieren gemeinsam ein italienisches Restaurant aus. Meine Bekannte ist im Anschluss noch mit Freunden verabredet. Mir passt das gut, denn dann komme ich schneller nach Hause und folglich früher ins Bett. So verabschiede ich mich, kurz nachdem ich die Nudeln mit Scampi aufgegessen habe, und mache mich auf den Weg zu meiner Wohnung. Ich will früh schlafen gehen und mich richtig ausruhen, denn am nächsten Morgen geht der Wahnsinn ja weiter. Um 5 Uhr muss ich aufstehen, weil ich Gast im *Morgenmagazin* bin und mich vor der Sendung mit Jochen Blind, unserem Pressesprecher, verabredet habe. Er ist immer dabei und passt ähnlich wie Axel Tantzen auf mich auf. Ohne die beiden und Claus Junghanns, meinen Referenten, hätte ich die vier Jahre kaum überstanden. Das ist mir schon lange klar.

Zum Glück bin ich gleich daheim, denke ich unterwegs. Die Aussicht auf fast sieben Stunden Schlaf ist herrlich. Das ist viel. Sehr viel. Es klingt schon fast luxuriös. Ich freue mich aufs Bett.

Als ich zu Hause ankomme, ist mir allerdings schlecht. Das schiebe ich auf die Scampi. Dass vielleicht etwas grundsätzlich nicht stimmt, kommt mir nicht in den Sinn. Kurz vor 22 Uhr liege ich im Bett, doch ich kann nicht schlafen.

»Ein Indianer kennt keinen Schmerz« – dieser blöde Satz aus Kindertagen geistert zuweilen durch die Köpfe vieler Männer. So auch jetzt bei mir. Ich denke an das Interview im Morgenmagazin und weiß, dass ich jetzt dringend einschlafen sollte, wenn ich dort nicht völlig gerädert auftauchen will. Doch es geht nicht. Mein Bauch tut weh. Ist das der Blinddarm? Im Internet recherchiere ich kurz, was die typischen Symptome sind. Das klingt alles anders, und ich lege das Handy wieder weg.

Mir wird buchstäblich heiß und kalt. Mit Decke schwitze ich, muss zweimal das T-Shirt wechseln. Ohne Decke habe ich Zähneklappern, so friere ich. Dann raffe ich mich wieder auf, gehe ins Bad und suche das Fieberthermometer. Die Messung ergibt über 40 Grad. Na super. Direkt nach dem Interview werde ich morgen zum Arzt gehen, beschließe ich und lobe mich selbst für so viel Vernunft. Der Gedanke, dass ich in diesem Zustand überhaupt nicht im Fernsehen auftreten sollte, kommt mir gar nicht. Ich bin so konditioniert, dass es nicht darauf ankommt, wie ich mich fühle, sondern vor allem dass keiner merkt, wie schlecht es mir geht. Jedenfalls denke ich: Das kriege ich morgen alles hin. Es hat ja bisher immer funktioniert. Sicherlich wird es anstrengend, aber es ist machbar.

Dann werden die Schmerzen immer heftiger. Ich kann mich nicht erinnern, dass ich mich schon einmal so schlecht gefühlt habe. Nun gilt es, die Zähne zusammenzubeißen. Aber bald danach weiß ich nicht mehr, wie ich liegen soll. Mir kommt erstmals der Gedanke, dass ich vielleicht Hilfe brauche. Aber ich schiebe ihn zur Seite. Dummes Zeug! Wegen Bauchschmerzen brauchst du doch keinen Arzt, sage ich mir.

Es ist halb drei, als ich endlich entscheide, dass ich einen Arzt rufe, an Schlaf war bislang überhaupt nicht zu denken. Wen rufe ich jetzt um diese Zeit am besten an? Und wie sage ich Jochen Blind Bescheid, dass ich nachher nicht ins Fernsehstudio kommen kann? Ich kann ihn doch nicht mitten in der Nacht stören. Schließlich raffe ich mich auf und wähle den Notruf. Die weiteren Details verschwimmen in meiner Erinnerung: Der Anruf, das Klingeln an der Tür, die Fahrt ins Krankenhaus, das Schild Notaufnahme. Es wird einige Tage und Wochen dauern, bis ich das Puzzle meiner Erinnerungen und das, was wirklich passiert ist, zu einem schlüssigen Bild zusammenfügen kann.

Im Krankenhaus stellt man fest, dass das Fieber noch weiter gestiegen ist. Ich habe, wie man mir später erzählen wird, Halluzinationen – wegen des hohen Fiebers und später vielleicht auch wegen der Medikamente, die ich nun bekomme. Manche Fieberfantasie habe ich als Realität bis heute abgespeichert. Nur durch Gespräche mit Ärzten und Pflegekräften weiß ich, dass es ganz anders war.

Irgendwann wache ich in einem Klinikbett auf. Wie ich dorthin gekommen bin? Ich erinnere mich an eine rasante »Fahrt« mit dem Bett durch die Flure des Krankenhauses. In meiner Erinnerung habe ich die Schwester gefragt, ob sie das Bett mit einem Joystick steuert, weil es sich so anfühlt. Ein hypermodernes Bett muss das also sein. Als ich später davon erzähle, sagt eine der Schwestern lachend zu mir, dass ich mich richtig erinnere. Sie wäre diejenige gewesen, die ich gefragt hätte. Ganz so hypermodern war das Bett allerdings nicht. Sie haben mich damit nur schnell auf das Krankenzimmer gebracht. Die Ärzte diagnostizieren eine Darmerkrankung, eine Sigmadivertikulitis. Davon habe ich bislang noch nie etwas gehört. Sigma…diverti…kulitis. Was bedeutet das?

Eine Divertikulitis ist eine krankhafte Veränderung des Dickdarms. Die Schleimhaut stülpt sich an mehreren Stellen nach außen. Ich erfahre, dass jedes Jahr in Deutschland mehrere Tausend Menschen daran erkranken. Die meisten Betroffenen haben keine Beschwerden und merken nichts. Zuweilen kommt es jedoch zu Komplikationen, Entzündungen oder Blutungen. So ist es auch bei mir – daher kommen die heftigen Schmerzen.

Mir wird zunächst eine klassische Antibiotika-Behandlung verschrieben, um die Entzündung des Darms zu behandeln. Das ist mit einem mehrtägigen Krankenhausaufenthalt verbunden.

Weil ich ansonsten in Berlin niemanden habe, der so etwas übernehmen könnte, muss ich einen meiner Mitarbeiter bitten, in meine Wohnung zu fahren und das Nötigste zusammenzupacken. Das ist mir etwas unangenehm. Und mir wird einmal mehr bewusst, dass ich in Berlin keine richtigen Freunde habe. In den letzten vier Jahren habe ich mir einfach keine Zeit genommen, mich um Freundschaften zu kümmern. Klar, zu Hause habe ich meine Familie und Freunde. Aber von Gelnhausen nach Berlin sind es über 500 Kilometer.

Ich bin so nachhaltig erschrocken von den deutlichen Warnsignalen meines Körpers, dass ich geduldig abwarte, bis es besser wird. Das geht sehr langsam vonstatten. Nach einer Woche im Krankenhaus muss ich mich zu Hause eine weitere Woche schonen. Das bedeutet, dass ich mitten in den Koalitionsverhandlungen für zwei Wochen raus bin. Was für ein ungünstiger Zeitpunkt!

Es gibt zwei Möglichkeiten, mit der Krankheit umzugehen: Manche entschließen sich zu einer Operation, andere leben mit den Entzündungsschüben und stellen ihre Lebensweise komplett um. Eine OP, bei der ein Teil des Darms entfernt wird, ist mit mehreren Risiken verbunden, hat aber den Vorteil, dass die Entzündung anschließend nicht wiederkehrt. Der Darm verkraftet es, wenn ein Stück fehlt. Der Rest übernimmt die Funktionen des fehlenden Teils. Ich befasse mich das erste Mal intensiver mit der Frage, wie mein Körper wirklich funktioniert.

Die Operation aufzuschieben und mit der Krankheit zu leben bedeutet unter Umständen, zwei- oder dreimal im Jahr eine heftige Darmentzündung zu bekommen und dann jeweils zwei Wochen lang flachgelegt zu sein. Die Häufigkeit der Schübe lässt sich durch bewusste Ernährung und Stressfreiheit etwas reduzieren, aber am Ende kommen sie – das sagen mir die Ärzte – womöglich doch immer wieder.

Ich erfahre auch, dass zwischen den Entzündungsschüben meist mehrere Monate liegen.

Daher denke ich, als ich das Krankenhaus verlasse: Jetzt hast du erst einmal Ruhe, kannst die Koalitionsverhandlungen angehen und dir in Ruhe Gedanken machen, wie du mit der Sache umgehen willst. Leider sieht mein Darm das anders. Keine drei Wochen später kommt bereits der nächste Schub. Sicher hat das auch damit zu tun, dass ich zu früh wieder eingestiegen bin. Die kritische Nachfrage, ob ich wirklich schon wieder fit bin, habe ich als freundliche Geste abgetan. Ich fühle mich gut! Und natürlich habe ich – irgendwie kann ich gar nicht anders – gleich wieder voll losgelegt.

Es ist Ende November, die Jamaika-Verhandlungen sind just am vorigen Tag gescheitert, und ich bin nach einem weiteren langen Arbeitstag endlich zu Hause und auf dem Weg ins Bett. Der FDP-Vorsitzende Christian Lindner hat die Gespräche mit dem Satz beendet: »Es ist besser, nicht zu regieren, als falsch zu regieren.«

Jetzt am Abend, als ich zur Ruhe komme, stellt sich ein unangenehmes Gefühl ein, das ich schon kenne. Dazu Schmerzen und eine leicht erhöhte Temperatur. Ich habe doch nicht schon wieder Probleme? In der Nacht schreibe ich meinem Arzt eine SMS und frage, ob ich am nächsten Tag vorbeikommen kann. Er bejaht das sofort, vielleicht ahnt er schon mehr als ich. Denn ich rede mir wieder einmal ein, dass ich nur übervorsichtig bin.

Am Morgen sind die Schmerzen schlimmer geworden, wenngleich noch nicht so heftig wie in jener Nacht vor einigen Wochen. Nach der Untersuchung bleibe ich direkt im Krankenhaus und bekomme Antibiotika verabreicht. Zum Glück habe ich das Notwendigste eingepackt. Ich werde wieder einige Tage hierbleiben.

Alle Signale missachtet

Manche bekommen vor lauter Stress einen Herzinfarkt, andere eine schwere Depression oder ein Magengeschwür. Bei mir brannte es tief im Inneren wie Feuer. Die nächtliche Fahrt ins Krankenhaus hatte mich vor noch nicht einmal einem Monat total aus der Bahn geworfen. Schlagartig war mir klar geworden, dass ich viel stärker als bisher auf die Warnsignale meines Körpers achten muss. Zu lange hatte ich alle Stoppsignale überfahren und es mehr als einmal darauf ankommen lassen. In der Nacht, bevor der Notarzt kam, litt ich wirklich Höllenqualen.

Schonen soll ich mich, hatte man mir im Krankenhaus gesagt. Schön langsam machen, Pausen einlegen, bewusst und in Ruhe essen. Keine Hektik! Der Vorsatz, darauf zu achten, währt nur kurz. Dann füge ich mich den äußeren Umständen des politischen Tagesgeschäfts. Jahrelang habe ich unregelmäßig und oftmals ungesund gegessen. Schnell unterwegs von einem Termin zum anderen ein Stück Kuchen, eine Brezel, einen Burger. Abends spät essen gehen. Nun plötzlich regelmäßig und gesund zu essen ist eine logistische Herausforderung, der ich mich entziehe. Es bedeutet einfach viel zu viel Aufwand! Der normale Stress reicht mir. Es gibt jede Menge zu tun, ich werde gebraucht. Und ich will meinen Job ordentlich zu Ende bringen! Da bleibt keine Zeit für irgendwelche Ernährungsumstellungen!

Wir kommen alle nicht raus aus unserer Haut. Und der innere Antreiber macht seine Sache gut. Macher bleibt Macher. Und aus einem sendungsbewussten Generalsekretär wird kein Leisetreter.

Ja, ich habe beschlossen, etwas mehr auf mich zu achten. Aber jetzt ist erst einmal anderes dran! Ich will meine Pflicht tun. Und niemand soll mir vorwerfen, dass ich im entscheidenden Moment nicht an Bord war. Dieser Gedanke treibt mich um. In Wahrheit ist es so, dass ich selbst nicht akzeptieren kann, dass ich auf mich achten muss. Die langen Nächte während der Verhandlungen mit den Grünen und der FDP sind sicherlich nicht förderlich und die Erdnüsse, die Süßigkeiten und das Eis mitten in der Nacht nicht die Ernährung, die man mir empfohlen hat. Aber was soll's!

Rumms. Das ist nun also der zweite Warnschuss. Was mich erwartet, kenne ich schon: Antibiotika, Bettruhe, zwei Wochen Pause. Mitten in den entscheidenden Koalitionsverhandlungen falle ich ein zweites Mal aus. Das darf doch nicht wahr sein! Das habe ich mir nun wirklich anders vorgestellt!

Zum Glück hat das engste Umfeld auch dieses Mal großes Verständnis. Die Menschen, deren Urteil mir wichtig ist, signalisieren mir, dass sie geradezu erwarten, dass ich mich jetzt erst einmal gründlich auskuriere. Bis Weihnachten bin ich raus, das ist klar.

An diesem Punkt fällt meine Entscheidung für eine Operation. Solche Schmerzen will ich nicht regelmäßig haben, und mein Arzt rät mir zu diesem Schritt. Unabhängig davon bin ich der Überzeugung, dass zwar momentan jeder Verständnis für meine Situation hat, ich aber nicht regelmäßig für einige Wochen ausfallen kann. Immer noch habe ich nicht wirklich begriffen, was eigentlich Sache ist. Denn beruflich »auszufallen« ist das eine. Aber es geht nicht um die anderen und deren

Erwartungen an mich. Es geht um mich. Ich bin krank. Mein Körper braucht Zeit. Und die Zwangspause, das merke ich bald, tut mir gut.

Die Operation darf erst durchgeführt werden, wenn die Entzündung des Darms wirklich abgeheilt ist. Sechs Wochen wird dies ungefähr dauern. Der früheste Zeitpunkt für die OP, die ich doch so rasch wie möglich hinter mich bringen möchte, ist deshalb Anfang Januar.

Die fixe Idee, das Ganze vielleicht doch noch vor Weihnachten zu erledigen, redet mir mein Arzt aus, denn das würde das Risiko von Komplikationen deutlich erhöhen. Meinen ursprünglichen Plan, mich nach dem erfolgten Eingriff über die Feiertage zu erholen und Anfang des Jahres zurück auf der politischen Bühne zu sein, kann ich also endgültig abhaken.

Am Nikolaustag werde ich aus der Klinik entlassen. Bis zum Jahreswechsel darf ich mich zu Hause in Gelnhausen erholen. Das bedeutet zwangsläufig auch viel Zeit, um nachzudenken – über meine Situation und mich selbst. Das habe ich lange nicht mehr getan. Vielleicht auch weil ich mich auf diese Weise ein paar unbequemen Wahrheiten stellen muss. Aber jetzt gibt es keine Ausrede mehr, nichts anderes ist wichtiger. Der doppelte Warnschuss und vor allem die Nacht, in der ich den Notarzt rufen musste, haben mich zutiefst erschrocken. Ich bin aus der Illusion herausgerissen worden, dass ich mit Anfang 40 – sportlich genug, um einen Marathon zu laufen – so hart bin, dass mir die Anwürfe und Attacken anderer nichts ausmachen. Die irrwitzige Annahme, ich wäre quasi unverwundbar, einfach, weil ich so lange derart viel ausgehalten habe, muss ich als Illusion begreifen. Wie dumm und trügerisch meine Selbstwahrnehmung ist, das wird mir langsam bewusst.

Während der Zeit im Krankenhaus sind die Kolleginnen und Kollegen in Berlin natürlich nicht untätig. Aber die nun beginnenden Gespräche mit der SPD erlebe ich nicht mehr mit. Gerührt bin ich, als mir die führenden Sozialdemokraten um Andrea Nahles, die während der Verhandlungen mein verwaistes Büro als Besprechungsraum nutzen, eine handschriftliche Nachricht auf die dort hängende Pinnwand schreiben und mir ein Foto davon schicken. Eine schöne Geste, die zeigt, wie man auch in der Politik miteinander umgehen kann. Was für eine tolle Chefin Angela Merkel ist, merke ich in dieser Zeit ebenfalls. Als ich ihr entschuldigend erkläre, dass ich wohl längere Zeit nicht einsatzbereit bin, da meint sie nur, dass es vor allem wichtig sei, dass ich am Ende wieder gesund werde.

Mein Körper erholt sich tatsächlich spürbar, und ich fühle mich bereit für die Operation. Der Jahreswechsel verläuft ruhig, am 10. Januar fahre ich ins Krankenhaus. Die Eingangsuntersuchungen finden statt, ich freue mich, meinen Arzt und sein wunderbares Team wiederzusehen. Eine Schwester grinst mich an: »Da sind Sie ja wieder.«

Ich fühle mich gut aufgehoben. Es ist eine Routinemaßnahme. Dass ich nach dem Aufwachen zunächst auf der Intensivstation sein werde, habe etwas mit dem Schmerzkatheter zu tun, erklärt man mir. Für mich klingt alles bestens. Und ich bin bereit für die Operation am nächsten Tag.

Als ich aus der Narkose aufwache, habe ich keine Schmerzen. Aber ich fühle mich wie zerschlagen und sehr schwach. Die nächsten drei Tage werde ich rund um die Uhr beobachtet. Der Arzt und das Team kümmern sich rührend um mich. Ganz besonders toll sind die Pfleger und Pflegerinnen auf der Intensivstation. Da ich einer der wenigen Patienten dort bin, die voll ansprechbar sind, unterhalten wir uns öfter.

Der Arzt meint bei der Visite, dass es mir eigentlich in den nächsten Tagen stetig besser gehen müsste, danach soll ich mich noch zwei oder drei Wochen zu Hause erholen. Doch ich fühle mich weiterhin schwach und habe Schmerzen. An eine Reduzierung der Schmerzmittel ist nicht zu denken. Das Gegenteil ist der Fall. Am dritten Tag nehmen die Schmerzen weiter zu und die Dosis muss nochmals erhöht werden. Trotzdem halte ich es irgendwann am frühen Abend nicht mehr aus. Als schließlich mein Arzt in Zivilklamotten gegen halb neun an meinem Bett steht und seinen sorgenvollen Blick nicht verhehlen kann, da merke ich, dass etwas nicht stimmt. Doch ich bin froh, dass er da ist.

Es folgen direkt mehrere Untersuchungen. Schließlich muss mir noch der Magen ausgepumpt werden, damit überhaupt ein CT möglich ist. Eine Magensonde wird gelegt, alles für einen möglichen Eingriff vorbereitet. Ich lasse alles über mich ergehen – dann steht fest, dass ich sofort operiert werden muss. Schnell wird ein OP-Team zusammengetrommelt. Es ist schwer zu erklären, aber in all der Hektik um mich herum fühle ich mich irgendwie dennoch geborgen.

Kurz vor Mitternacht rufe ich meine Mutter an. Die eigene Stimme klingt ganz komisch, wenn man einen Schlauch in der Nase hat. Und mein recht matt ausgesprochener Satz: »Macht euch keine Sorgen, aber ich muss noch einmal operiert werden«, hat wahrscheinlich nicht den gewünschten Effekt. Mein Arzt verspricht, meine Eltern unmittelbar nach der Operation zu informieren, wie es gelaufen ist. Dann tritt der Anästhesist an mein Bett. Er fragt mich, worauf ich mich nach der OP besonders freue und was ich dann gerne trinken möchte. Ich sage: »Eine eiskalte Cola!«

»Gute Idee. Mit Strohhalm und so einem Schirmchen im Glas?«

Ich sage »Ja«, und dann bin ich weg.

Was ist eigentlich passiert? Offensichtlich ist die Naht, mit der man die Wunde nach der ersten Operation vernäht hat, um es salopp in meinen Worten zu formulieren, nicht ganz dicht. Eine Bauchfellentzündung und Blutvergiftung bringen mich in akute Lebensgefahr. Mein Dasein hängt an einem dünnen Faden, die Operation ist ein echter Kraftakt der Ärzte – und ein Bravourstück. Anschließend wache ich wieder auf der Intensivstation auf und bin nur froh, dass ich noch da bin. Alles andere ist weit weg. Und noch längst ist es nicht überstanden. Die Ärzte haben sich dafür entschieden, mir einen künstlichen Darmausgang zu ersparen. Das kann aber bedeuten, dass ich erneut operiert werden muss, wenn wieder etwas nicht so läuft wie geplant. Dann werde ich um einen künstlichen Darmausgang wohl nicht herumkommen.

Zwölf Tage liege ich insgesamt auf der Intensivstation. Es geht mir nicht gut. Jede Menge Kabel verschwinden in meinem Körper und hängen an den Überwachungsgeräten, eine Infusion tröpfelt in meine Vene. Und dann ist da dieser Moment, in dem mich der Gedanke ans Sterben überfällt. Bei diesem Gedanken bin ich alleine im Zimmer. Eigentlich ist man auf einer Intensivstation selten für sich. Pflegekräfte sorgen rund um die Uhr für eine gute Betreuung. Ständig ist irgendetwas einzustellen, ein Kabel hat sich verwickelt, ich brauche Hilfe oder der Arzt kommt zur Visite. Dazwischen gibt es aber auch die Phasen, in denen ich alleine bin, so etwas wie Inseln der Ruhe. Eine Zeit, in der ich ganz auf mich selbst zurückgeworfen bin.

Für den Gedanken an das Sterben und die Frage, ob ich noch Kraft habe, am Leben zu bleiben, gibt es keinen konkreten Anlass. Ich habe auch keine starken Schmerzen. Aber der Gedanke ist auf einmal da: Sterbe ich jetzt?

Ist es ein Gefühl des Verlorenseins? Verzweifelt bin ich nicht, es ist mehr eine totale Leere. So, als ob ich an einem Endpunkt angekommen wäre. Ein Moment, in dem ich mich in alles füge, was immer da kommen mag.

Man erwartet vielleicht, dass ein gläubiger Mensch in einem solchen Moment darum bittet, noch weiterleben zu dürfen. Bei mir ist es nicht so. Ich halte Zwiesprache: »Jesus, ich bin dir nicht böse, wenn es jetzt vorbei ist! Wenn ich jetzt gehen muss, ist das in Ordnung!« Ganz schön vermessen eigentlich, dass ich dem Sohn Gottes in dieser Frage vorher meine Meinung mitteile.

Ich lebe gerne. Es gibt so viele irdische Dinge, die mir etwas bedeuten, und jede Menge Ideen, die ich eigentlich noch realisieren möchte. Und da sind meine Eltern und Geschwister. Die will ich nicht alleine lassen. Zum Sterben ist es also noch viel zu früh. Aber da ist auch ganz viel Dankbarkeit für das, was ich in meinem Leben erfahren durfte. Mein eigener Weg, aber vor allem Menschen, die mir begegnet sind, Dinge und Orte, die ich sehen durfte. Aber es liegt nicht in meiner Hand, wie es weitergeht. Am Ende gilt eben doch: »Dein Wille geschehe«, wie es im »Vaterunser«-Gebet heißt.

Ich sterbe nicht. Ich liege im Bett, und bis auf das regelmäßige Piepen der ganzen elektrischen Geräte um mich herum herrscht Stille. Meine Brust senkt sich auf und ab. Ich lebe weiter. Aber ich habe das Gefühl, dass dies nicht selbstverständlich ist. Und dass ich mit diesem Leben etwas anderes anfangen muss. So wie bisher kann es nicht weitergehen. Ich brauche Zeit für mich selbst und die Menschen, die mir wichtig sind. Sonst macht das Weiterleben wenig Sinn.

Vollkommen nackt

Bei jeder Bewegung brauche ich Hilfe: beim Zähneputzen, beim Stuhlgang, beim Waschen. Ich brauche sie nicht nur, sondern ich bin für jede Erleichterung dankbar, die ich dadurch erfahre. Der Krankenhauskittel ist kein Schutz vor der Blöße, die ich mir immer wieder geben muss. Schamgefühl – das muss man in einer solchen Situation zur Seite schieben. Es bleibt mir gar nichts anderes übrig, als mich auf das Wesentliche zu konzentrieren: gesund werden, ein neues Leben ergreifen, überhaupt wieder auf die Beine kommen. Als ich mich das erste Mal im Bett aufrichten und auf die Bettkante setzen soll, ist das ein derart großer Kraftakt, dass ich anschließend den Rest des Tages völlig kaputt bin und erstmalig seit der OP wieder richtig schlafe. Einige Tage später kann ich endlich wieder alleine aufstehen. Ein Rollator hilft mir beim Gehen, und immer ist eine Pflegerin oder ein Pfleger in der Nähe, um mich im Notfall zu stützen.

Als ich mich im Spiegel betrachte, erschrecke ich zutiefst. Ich war schon vorher alles andere als dick und sicher kein muskulöser Typ. Aber jetzt hängen meine Arme dürr an mir herab, die Rippen sind deutlich zu erkennen, die Schultern eingefallen, das Gesicht blass. Ich bin total schwach und kaputt, einfach am Ende. So habe ich mich selbst noch nie gesehen.

Ende Oktober habe ich es als Einschnitt erlebt, den Notarzt rufen zu müssen. Die Verunsicherung danach, die Erkenntnis, dass ich mich nicht irgendwie zwingen kann, doch zu funktionieren – das hat mich getroffen. Dann die vielen Wochen im Krankenhaus, die heftigen Schmerzen, die Hilfsbedürftigkeit und die Not. Das war schlimm. Der Anblick im Spiegel führt mir deutlich vor Augen, wer ich nicht mehr bin. Mein bisheriges Selbstbild verabschiedet sich: »Ich bin Anfang 40, CDU-Generalsekretär, ein Mann, der entscheidet. Ein Kämpfer, Marathonläufer, hart im Nehmen.« Früher hatte ich oft das Gefühl: Mir kann keiner was! Mich jetzt derart schwach zu erleben, das ist heftig.

In einer solchen Situation ist man vollkommen nackt im übertragenen Sinne. Es fehlt jede Kraft, um den alten Schutzschild hoch und anderen entgegenzuhalten. Es gibt keine Chance, sich irgendwie mit seinem Zustand der Bedürftigkeit zu verstecken. Die lange bewahrte Fassade wird brüchig. Alle Masken fallen.

In diesem Moment bin ich ganz auf mich selbst zurückgeworfen. Und es ist mir egal, was andere denken! Es interessiert nicht, ob mich der Krankenpfleger oder die Schwester nackt und kraftlos – völlig bloßgestellt – sehen oder nicht. Ein neuer Tiefpunkt.

Der Arzt, der mich im Bundeswehrkrankenhaus operiert hat, ist das, was man einen harten Hund nennen würde. Zumindest hat er eine raue Schale, die man nicht so leicht durchdringt. Bei Auslandseinsätzen, an denen er immer noch regelmäßig teilnimmt, hat er sicher schon viel gesehen und Heftiges erlebt. Wahrscheinlich, so vermute ich, ist er ein strenger Chef. Ob seine Mitarbeiter wahrnehmen, dass er auch unheimlich fürsorglich ist – und das nicht nur gegenüber seinen Patienten?

Ich habe mehrmals die Gelegenheit, ihn in Ruhe zu beobachten. Er ist nicht der Typ, der seinen Patienten etwas vormacht. Einmal sagt er zu mir: »Sie fragen so viel und wollen alles wissen. Vielleicht ist das gar nicht gut.« Trotzdem beantwortet er dann alle meine Fragen geduldig. Als sich die Gelegenheit ergibt, frage ich ihn: »Sagen Sie mal, wieso habe ich eigentlich diese Krankheit bekommen?« Da schaut er mich nur mitleidig an und sagt: »Ich habe mir mal Ihren Werdegang die letzten Jahre angeschaut. Fragen Sie mich das jetzt ernsthaft? Natürlich haben Sie das wegen Ihres Jobs bekommen!«

Das so gesagt zu bekommen ist krass. Jetzt kann ich nicht mehr zu mir selbst sagen: »Na ja, das war Pech. Einer von zehntausend bekommt es, und das war halt ich.«

Welche Konsequenz ziehe ich daraus? Mir ist bewusst, dass ich gerade noch die Kurve bekommen habe und dem Tod von der Schippe gesprungen bin. Angesichts dessen einfach so weiterzumachen wie vorher ist keine Option.

Mein Zustand bessert sich zum Glück. Langsam, Schritt für Schritt. Es sind sehr kleine Schritte, doch jeden Tag kommt etwas von meiner Kraft zurück. Ich erlebe viele »Wieder-erste-Male«: den ersten Kaffee, das erste Mal selbstständig ins Bad laufen und mich selbst waschen können. Langsam kommt auch mein Schamgefühl zurück und ich schließe bewusst die Tür des Badezimmers hinter mir. Diese war in letzter Zeit immer offen oder angelehnt, damit die Pfleger sofort merken, wenn etwas nicht stimmt. Meine Lieblingspflegerin bemerkt die Veränderung und lacht, als ich die Tür hinter mir zuziehe. Wir sagen inzwischen »Du« zueinander.

»Du, Peter. Ich habe dich in ganz anderen Situationen und in einem ganz anderen Zustand gesehen. Aber mach ruhig die Tür zu.«

Nach zwölf Tagen »Intensiv« bin ich nach der zweiten OP so weit, dass ich auf die normale Station verlegt werden kann.

Die Kanzlerin am Krankenbett

Ein besonderer Moment im Krankenhaus ist der Besuch der Bundeskanzlerin. Dass sich Angela Merkel so viel Zeit für mich nimmt, freut mich und tut mir gut. Ich weiß es auch deshalb sehr zu schätzen, weil sie momentan aufgrund der Koalitionsverhandlungen wenig Zeit hat.

Am Tag ihres Besuchs ist auf der Station extrem viel los. Plötzlich sind unglaublich viele Leute unterwegs, die hier zufällig gerade noch etwas holen oder erledigen müssen. Da einige Beamte wie üblich im Vorfeld die Sicherheitslage vor Ort geprüft hatten, sind die meisten Mitarbeiter darüber im Bilde, dass die Kanzlerin demnächst vorbeikommen wird. Und natürlich hat sich auch die gesamte Führungsriege des Krankenhauses angekündigt, um Frau Merkel zu begrüßen. Man glaubt gar nicht, wie viele Menschen in so einer Klinik eine Leitungsfunktion haben. Auf dem Flur und im Eingang meines Zimmers stehen jede Menge wichtige Leute und warten darauf, dass die Kanzlerin eintrifft. Angela Merkel löst die Situation auf eine für sie ganz typische, charmante Art. Nachdem alle sie begrüßt haben, sagt sie einfach: »Meine Herren, ich freue mich sehr, dass Sie mich in Empfang nehmen. Aber ich bin ja heute nur hier, um Herrn Tauber zu besuchen. Danke für Ihre Aufmerksamkeit. Ich wünsche Ihnen einen guten Tag!« Und dann muss die gesamte Entourage abziehen.

Mit meinem Arzt habe ich besprochen, dass er auf Wunsch der Kanzlerin meine gesundheitliche Situation erklärt. Im Anschluss sprechen Angela Merkel und ich fast eine Stunde zu zweit. Sie fragt, wie es mir geht und wie es sich für mich anfühlt, jetzt hier zu liegen. Wir reden über Gott und die Welt. Und natürlich berichtet sie mir auch kurz vom aktuellen Stand der Koalitionsverhandlungen und über andere Entwicklungen in der Partei.

Vor dem Besuch habe ich länger überlegt, ob ich mit ihr auch darüber spreche, wie es für mich weitergehen kann. Meine Genesung ist absehbar. Dass ich mein politisches Amt demnächst abgeben werde und dann frei für eine neue Aufgabe bin, steht auch schon länger fest. Aber es ist gar nicht nötig, dass ich das Thema anspreche. Sie sagt von sich aus, ich solle mir keine Gedanken machen, wie es weitergeht, und erst einmal ganz gesund werden. Wenn die Kanzlerin das sagt, dann reicht das vollauf, ohne dass ich eine Rückfrage stellen müsste. Und ich bin in diesem Moment sehr erleichtert, weil alles so leicht scheint.

Angela Merkel ist anspruchsvoll und verlangt viel – vor allem von sich selbst. Für mich war sie in dieser Hinsicht immer ein Vorbild. In den letzten Wochen und Monaten musste ich jedoch erkennen, dass ich offensichtlich nicht so viel aushalte wie sie.

Dabei ist sie auch eine fürsorgliche Chefin, wenn es Mitarbeitern nicht gut geht. Das konnte ich hin und wieder beobachten, und nun spüre ich es am eigenen Leib. Ihr heutiger Besuch bedeutet mir viel! Er ist für mich auch ein Zeichen der Wertschätzung meines Einsatzes.

Zum Abschied verbleiben wir so, dass wir uns weiter gegenseitig per SMS auf dem Laufenden halten. Und dann muss ich kurz schmunzeln. Sie hat Schokolade mitgebracht. Als ich auf die große Packung schaue, sagt sie: »Die ist nicht für dich, sondern für die Pflegekräfte.« Später erzählen mir die Pflegekräfte begeistert, dass sich die Kanzlerin noch zehn Minuten Zeit für sie genommen hat.

Nicht nur die Chefin denkt an mich. Annegret Kramp-Karrenbauer kommt vorbei, Thomas de Maizière und Hermann Gröhe besuchen mich ebenso wie Paul Ziemiak. Und natürlich auch einige andere Kollegen aus Berlin. Darüber freue ich mich sehr, auch weil ich spüre, dass ihre guten Wünsche ehrlich gemeint sind. Ansonsten bin ich froh, dass ich weitgehend meine Ruhe habe. Die Berichterstattung der letzten Wochen habe ich nur partiell mitverfolgt, aber natürlich war in der Zeitung zu lesen, dass ich vermutlich für längere Zeit ausfalle.

IV
»BESCHÄFTIGE DICH MAL MIT DIR SELBST!«

3:43 Uhr. Unruhig wälze ich mich im Bett hin und her. Noch gut zwei Stunden, bis ich geweckt werde, um Fieber und Blutdruck zu messen. Meistens wache ich schon vorher auf. Aber dafür müsste ich erst einschlafen. Aber wenn man den ganzen Tag im Bett liegt, dann ist das mit dem Schlafen gar nicht so leicht. Zum Glück geht es mir besser. Ich bin nicht mehr so schwach wie vor einer Woche. Und vermutlich auch deswegen jetzt schon wach.

Meine Gedanken kreisen nun immer häufiger um die Frage, wie es weitergeht. Einige Tage ist die Notoperation inzwischen her. Gott sei Dank ist alles gut gegangen. Der Eingriff ist positiv verlaufen, es gab keine erneuten Komplikationen, und auch die Heilung nimmt langsam Fahrt auf. Noch ein paar Tage auf der normalen Station, so die Ärzte, und ich kann das Krankenhaus verlassen. Anschließend steht natürlich weiterhin Schonung und vor allem eine Reha auf dem Programm. Darum kümmert sich nun der Sozialdienst. Mein Wunsch ist es, die Reha möglichst in der Nähe meines Zuhauses zu machen. Da gibt es eine Klinik, die ich kenne – und in meiner Heimat zu sein, das wird mir sicherlich guttun. Ich brauche Zeit, um mich zu erholen und zum Nachdenken. Ich merke, dass mir in der Stille des Krankenzimmers und den Freiräumen, die ich plötzlich zur Verfügung habe, Dinge bewusst werden, die ich so lange Zeit nicht wahrhaben wollte oder sehen konnte.

Je länger ich hier liege, umso deutlicher wird mir: Dieser »Nothalt« ist wie eine endgültige Bestätigung, dass ich in meinem Leben grundsätzlich etwas ändern muss. Da ist auch der Gedanke, ganz mit der Politik aufzuhören. Ich bin gerne Abgeordneter, aber ich muss es nicht sein. Und die Übernahme eines weiteren Amtes werde ich definitiv davon abhängig machen, ob ich mich mit der damit verbundenen Aufgabe identifizieren kann. Das steht fest.

4:15 Uhr. Sigmund Freud hat einmal behauptet, dass sich die Menschen eigentlich für unsterblich halten. Eine steile These. Ich würde dagegenhalten, dass sich die meisten der eigenen Endlichkeit durchaus bewusst sind. Aber wir leben nicht immer so, dass wir mit dem Kostbarsten, was wir haben – unserem Leben –, auch vernünftig umgehen. Dafür bin ich ein gutes Beispiel.

Etwas verändern zu wollen ist leichter gesagt als getan. Was ist mit unseren Gewohnheiten? Können wir die wirklich so einfach ablegen und plötzlich ganz anders leben?

Auf eine entscheidende Frage muss ich unbedingt eine Antwort finden: Was will ich mit der mir verbleibenden Lebenszeit anfangen?

5:05 Uhr. Kranksein ist in der Politik weitgehend ein Tabu. Ich frage mich, warum das eigentlich so ist. Erwarten wir, vielleicht auch nur unbewusst, dass Politiker immer gesund und fit und zu jeder Zeit einsatzbereit sind? Politiker und auch andere Menschen in Führungspositionen müssen Kraft und Stärke ausstrahlen. Sie sollen menschlich sein, nahbar, aber gleichzeitig so etwas wie unverwundbar. Und irgendwie funktionieren wie Maschinen. Das ist doch absurd!

Mir wird klar, dass ich in Zukunft einiges in meinem Leben anders machen will. Zum Beispiel auch einmal Schwäche zeigen. Das kann befreiend sein. Entwaffnend. Ich will offen über die Zeit sprechen, die ich gerade hinter mir habe. Das gehört auch dazu. Ich fühle mich gut mit dieser Entscheidung. Ich muss niemandem mehr etwas vormachen, sondern kann mir eingestehen und bekennen: Ja, es gibt Situationen, die ich nicht alleine bewältigen kann und bei denen ich andere an meiner Seite brauche. Das gilt übrigens nicht nur, wenn ich krank bin, sondern auch im Alltag.

Wir könnten in unserer Gesellschaft viel mehr erreichen, wenn wir zusammen anpacken und nicht nur von Einzelnen Heldentaten erwarten. Wir brauchen einander, um voranzukommen. Und auch diejenigen, die einen im Zweifel auffangen, wenn man fällt.

Gnadenlos

Im Sommer 2019 spekulieren viele Medien, was wohl mit Angela Merkel los ist. Bei offiziellen Empfängen und Auftritten zittert die Kanzlerin plötzlich. Sie muss sich setzen. Einige vermuten, dass sie ernsthaft erkrankt, total erschöpft – oder einfach der Aufgabe nicht mehr gewachsen ist. Zuweilen mischt sich ein hässlicher, schadenfroher Ton in die Debatte. Nach dem Motto: »Das ist der Anfang vom Ende. Die Kanzlerin wankt. Bald wird sie stürzen ...« Das darf doch nicht wahr sein! Ich dachte, wir sind als Gesellschaft inzwischen weiter. Aber das ist offensichtlich nicht der Fall.

Angela Merkel hat sich jahrzehntelang als Politikerin in ihren Ämtern aufgerieben, alles gegeben. Wie oft hat sie Stärke und Durchhaltevermögen bewiesen. Weltweit wird sie für die Stabilität, mit der sie deutsche Interessen vertritt und Position bezieht, bewundert.

Nun in einem Moment der Schwäche mit Fingern auf die Kanzlerin zu deuten und verbal deren Abgang einzuläuten, ist aus meiner Sicht völlig unangemessen. Auch Annegret Kramp-Karrenbauer schaut man geflissentlich auf die Finger und deutet jede ihrer Regungen. Hat sie mit ihrer Antwort auf eine Frage angemessen lange gewartet – oder hat sie zu lange gezögert? Ist sie etwa entscheidungsschwach? Hat sie bei der Begrüßung empathisch genug gelächelt oder nicht? Ist es vielleicht eine aufgesetzte Freundlichkeit? Manche Beurteilung wird an Nuancen festgemacht. Und jede Deutung kann wie ein Fallbeil wirken. Es gibt eine Erwartungshaltung, die zermürbend ist – und krank machen kann. Diejenigen, die permanent gnadenlos über andere urteilen, sind sich dessen vielleicht oftmals nicht bewusst. Andere nutzen die Möglichkeiten, mit spitzer Feder jemanden zu verletzen, kaltlächelnd aus.

Am 7. November 2019 kollabieren innerhalb eines Tages zwei Bundestagsabgeordnete im Parlament. Der eine sogar direkt am Rednerpult vor laufender Kamera. Eine Boulevardzeitung teilt das Video später in den sozialen Netzwerken. In diesen Beispielen wird augenfällig, dass der Job eines Abgeordneten sehr kraftraubend sein kann – und die Öffentlichkeit im Umgang mit den Volksvertretern oft genug gnadenlos.

Es stellt sich die Frage, ob man in einer Gesellschaft, in der die Starken und Lauten im wahrsten Sinne des Wortes den Ton angeben, überhaupt Schwächen zeigen darf. Ja – man darf! Und man muss auch Schwäche zeigen. Denn sie gehört zum Leben dazu.

Wenn ich eines in der Krise meines Lebens gelernt habe, dann das: Du musst kein Held sein! Tapferkeit ist gut. Manches muss ausgehalten werden. Aber es ist noch wichtiger, auf seinen Körper zu hören. Wir sollten uns viel öfter nach denen umschauen, die da sind, um uns zu helfen. Bei der Bundeswehr nennen wir das Kameradschaft. Davon mangelt es in der Gesellschaft vielleicht hier und da, aber auch dort gibt es Menschen, die uns wie Engel vorkommen.

Und ob Mann oder Frau – jeder darf Gefühle zeigen und dabei auch schwach sein. Denn was hilft es, alles zu ertragen und sich letztlich selbst zu verlieren? In der Bibel heißt es im Markusevangelium: »Was nützt es dem Menschen, wenn er die ganze Welt gewönne, und nähme Schaden an seiner Seele?« Besser kann man es kaum sagen.

Tiefe gewinnen

In Krisenzeiten wird einem der Glaube nochmals anders wichtig. Auch vorher habe ich einigermaßen regelmäßig gebetet, meistens aus Dankbarkeit. Ich kannte dieses Gefühl der Verzweiflung gar nicht, aus dem heraus viele Menschen Zuflucht im Gebet suchen. Und um materielle und alltägliche Dinge im Gebet zu bitten, das fand ich immer unpassend. Aber jetzt im Krankenhaus bete ich öfter und manchmal auch laut. Abends spreche ich das Vaterunser und anschließend noch Fürbitten für die Menschen, die mir am Herzen liegen.

Ich erinnere mich in dieser Zeit auch an die, wie ich finde, wunderschönen Morgen- und Abendgebete von Martin Luther, suche mir den Text im Internet und lese ihn zunächst vom Display meines Mobiltelefons ab:

Ich danke dir, mein himmlischer Vater, durch Jesus Christus, deinen lieben Sohn,
dass du mich diese Nacht vor allem Schaden und Gefahr behütet hast, und bitte dich, du wollest mich diesen Tag auch behüten vor Sünden und allem Übel, dass dir all mein Tun und Leben gefalle. Denn ich befehle mich, meinen Leib und Seele und alles in deine Hände.
Dein heiliger Engel sei mit mir, dass der böse Feind keine Macht an mir finde.

Dann denke ich: Du hast doch jede Menge freie Zeit, das ist jetzt eine gute Gelegenheit, dir den Text einzuprägen. Schon ewig habe ich nichts mehr auswendig gelernt. Der Vorteil ist in diesem Fall, dass das Abend- und Morgengebet nahezu wortgleich sind, es gibt nur zwei Zeilen, die sich unterscheiden. Im Abendgebet heißt es im Mittelteil:

... dass du mich diesen Tag gnädiglich behütet hast, und bitte dich, du wollest mir vergeben alle meine Sünde, wo ich Unrecht getan habe, und mich diese Nacht auch gnädiglich behüten.

Die beiden Schlusszeilen gefallen mir besonders gut: Leib und Seele brauchen Gottes Fürsorge. Schutz und Geborgenheit gegen das Böse, das es zweifellos in der Welt gibt, kann man nicht genug empfangen.

Während der Zeit im Krankenhaus und auch später in der Reha höre ich immer wieder Musik. Ein Lied, in dem ich mich wiederfinde, heißt »Fight Song«. Noch mehr berühren mich aber verschiedene geistliche Lieder, etwa die von Paul Gerhardt, der während des Dreißigjährigen Krieges unglaubliches Leid erfahren musste. Früh hat er seine Frau und mehrere seiner Kinder verloren und dennoch ein fast kindliches Vertrauen zu Gott behalten. Dies kann man in seinen Texten bis heute spüren. Ich denke zum Beispiel an sein Lied »Befiel du deine Wege«. Mein Lieblingslied ist aber schon vorher »Nun danket alle Gott« von Martin Rinckart (1586–1649) gewesen. Den Choral höre ich wieder und wieder in zahlreichen Varianten – mit Orgelbegleitung, mit Gitarrenbegleitung, als Chorfassung und als Solostimme. Eine recht moderne Fassung aus dem Liederschatz-Projekt hat es mir besonders angetan. Das Lied hat auch historisch eine Bedeutung. Als die letzten Kriegsheimkehrer 1955 im Lager Friedland ankamen, wurde gemeinsam dieses Lied gesungen. Niemand brauchte damals ein Textblatt, wie man auf den alten Filmaufnahmen erkennen kann.

Auch der vertonte Text »Von guten Mächten«, den Dietrich Bonhoeffer in der Haft unter dem nationalsozialistischen Joch schrieb, begleitet mich. Es gibt eine Strophe, die nicht allzu oft gesungen wird. Dabei wird mir gerade diese Textpassage während meiner Krankheit besonders wichtig. Ich erinnere mich daran vor allem in den Momenten, in denen mich der Gedanke an den Tod beschäftigt:

> *Und reichst du uns den schweren Kelch, den bittern*
> *des Leids, gefüllt bis an den höchsten Rand,*
> *so nehmen wir ihn dankbar ohne Zittern*
> *aus deiner guten und geliebten Hand.*

In diesem Liedvers finde ich mich wieder. Wenn es zu Ende geht und wenn Gott das so will – dann ist es halt so. Ich muss es annehmen und tragen.

Annehmen

Es gibt Menschen, die ihren Bezug zu Gott in schweren Zeiten verlieren. Das kann ich verstehen. Selbst Jesus hat am Kreuz mit seinem Vater gehadert. Bei mir aber vertieft die Krise den Glauben. Gott die Schuld zu geben kommt mir nie in den Sinn. Ich denke vielmehr, dass ich selbst dafür verantwortlich bin. Denn ich habe mich doch für diesen Weg entschieden, niemand hat mich gezwungen. Das ist evangelische Freiheit: Ich glaube nicht an Vorbestimmung oder Schicksal, sondern dass ich die Möglichkeit habe, eigene Entscheidungen zu treffen. Mit allen Konsequenzen, die dazugehören – eben auch das Scheitern, das Krankwerden und das Sterben. Mir ist klar, dass das viele anders sehen. Gerade Menschen, die nicht an Gott glauben, tun sich schwer mit dieser Sichtweise. Sie fragen: »Wie konntest du nur auf Gott vertrauen, als es dir so schlecht ging? Oder sie stellen nüchtern fest: »Es war nicht dein Glaube, der dir geholfen hat. Die Ärzte haben dir das Leben gerettet!« Mit dieser Sichtweise werde ich später häufiger konfrontiert. Das mag jeder so sehen, wie er will. Aber vielleicht hat ja der liebe Gott mir genau zum richtigen Zeitpunkt diesen Arzt geschickt. Es ist müßig, da über Kausalitäten nachzudenken.

Die Krankenschwester, die mich die meiste Zeit über betreut, nenne ich Karla. Sie heißt anders, aber den richtigen Namen kann ich mir am Anfang nicht merken. Also Karla. Oder auch Karla Kolumna, wie die rasende Reporterin aus den Geschichten mit Benjamin Blümchen. Wenn ich etwas erzähle, dann kommentiert Karla das meist mit dem Wort »sensationell«, das sie mit lauter und hoher Stimme vorträgt. Das Scherzen tut mir gut. Der Umgang miteinander ist so herrlich normal, obwohl es die Situation nicht ist. Irgendwann spricht Karla mich darauf an, dass ich so oft bete. Ich erkläre ihr, warum ich das tue und es mir wichtig ist. Einige Zeit später erzählt sie mir stolz, sie sei mit ihrem Sohn jetzt auch mal in den Kindergottesdienst gegangen.

Der Glaube ist fester Bestandteil meines Lebens. Auch schon vor meiner Krankheit bete ich jeden Abend. Allerdings bin ich alles andere als ein Heiliger. Die Geschichte meiner Fehler und Verfehlungen würde ein zweites Buch füllen. Aber gerade deswegen ist das Beten gut. Es führt mir diese Fehler vor Augen und gibt mir die Chance, mich zu besinnen und mit manchem neu anzufangen. Natürlich gibt es auch mal Abende, an denen ich das Beten vergesse. Aber eigentlich ist das Gebet fester Bestandteil meines Abendrituals. Ich bin jemand, der lange braucht, um einzuschlafen. Oft denke ich noch über den Tag nach. Und dann tut es mir gut, alles im Gebet abzugeben. Dann weiß ich: Jetzt ist der Tag wirklich geschafft!

Schon früh bin ich mit dem Glauben in Berührung gekommen. Oft haben meine Geschwister und ich in den Ferien bei meinen Großeltern übernachtet. Dann schliefen wir immer im Gästezimmer. Dort stand ein uraltes, riesiges Bett – in meiner Erinnerung ist es mindestens vier mal vier Meter groß –, in dem wir uns in den dicken Daunendecken verloren haben. Wenn Schlafenszeit war, hat sich meine Oma zu uns auf die Bettkante gesetzt und aus Grimms Märchen vorgelesen oder eine Geschichte aus der Bibel erzählt. Anschließend haben wir ein Abendgebet gesprochen. So hat meine Oma mir schon früh einen kindlichen Glauben vermittelt. Für mich war der liebe Gott lange Zeit tatsächlich der Mann mit dem langen weißen Bart, der uns beschützt und auf uns aufpasst. Durch dieses Bild habe ich mich, im wahrsten Sinne des Wortes, gut behütet gefühlt.

Ab und an bin ich mit meiner Mutter in den Gottesdienst gegangen. Besonders angetan war ich an einem Karfreitag von der Predigt. Der Pfarrer warf einen anderen Blick auf den Verrat des Judas, der mit seinem Tun ja erst die Leidensgeschichte Christi in Gang setzte. Blieb Judas eine Wahl? Musste er nicht Verrat begehen, um die Geschichte zu erfüllen? Hat er sich vielleicht gegen diese ihm zugedachte Rolle gewehrt?

Ich wollte jedenfalls danach mehr von den Jüngern und über ihre Zeit wissen, sodass ich meine Mutter überredete, mit mir gleich zwei Tage später am Ostersonntag wieder in die Kirche zu gehen.

Als ich älter wurde, war ich mit den beiden Söhnen des Wächtersbacher Pfarrers befreundet und dadurch eigentlich immer in Berührung mit der Kirche. Pfarrer Gerhard Pauli war ein Seelsorger wie aus dem Bilderbuch. Er hatte eine tiefe sonore Stimme, war eine echte Autorität, aber ungemein warmherzig: so, wie Pfarrer eben sein müssen. Ob ich ein vorbildlicher Konfirmand war, müssen andere beurteilen. Aber ich weiß noch, dass ich lange darüber nachgedacht habe, welchen Konfirmationsspruch ich wähle. Am Ende habe ich mich für Johannes 8, Vers 12 entschieden. Jesus Christus spricht: »Ich bin das Licht der Welt. Wer mir nachfolgt, der wird nicht wandeln in der Finsternis, sondern wird das Licht des Lebens haben.«[1]

Dass meine Krankheit mich meinem Glauben nicht entfremdet, sondern ihm neues Leben eingehaucht hat, dafür bin ich sehr dankbar! Heute bin ich – wenn es die Zeit erlaubt – sonntags regelmäßig im »Kronjuwel Gottes«, wie die Gelnhäuser Marienkirche auch genannt wird. Mir macht es unheimlich Spaß, mich im Rahmen meiner beruflichen Aufgaben immer wieder für die Kirche zu engagieren. Schließlich geht es nicht um irgendeine Botschaft, sondern um die gute Nachricht. Und die muss gehört werden. Ich freue mich, wenn auch Menschen mit christlichen Gedanken in Berührung kommen, die sich von Kirche und Glauben abgewendet haben. Aber selbst wenn ich ein gläubiger Mensch bin, käme ich niemals auf den Gedanken, mich bei irgendetwas, was ich tue, auf eine höhere Instanz zu berufen. Natürlich ist es hilfreich, wenn man ein klares Ziel vor Augen hat, für das man kämpft. Aber zu behaupten, dass es Gottes Sache sei, fände ich anmaßend. Vor allem, wenn man bedenkt, was andere sich geleistet haben, die davon überzeugt waren, »im Auftrag des Herrn« unterwegs zu sein.

Glaube ist für mich nicht nur Zwiesprache mit Gott, sondern braucht die Gemeinschaft. Und die manifestiert sich in der Kirche, in der Gemeinschaft der Christen. Wer sagt: »Ich glaube an den lieben Gott, aber ich brauche dafür keine Kirche«, der hat aus meiner Sicht einen wesentlichen Teil der christlichen Botschaft nicht gehört. Gott will schließlich, dass wir einander annehmen. Auch deshalb engagiere ich mich in der Synode meiner Landeskirche. Die Gemeinde und die christliche Gemeinschaft brauchen eine Verfasstheit. Christen müssen sich organisieren, sonst fällt es schwerer, zusammenzufinden und nach außen zu wirken.

Während meines Wehrdienstes ist mir mein Glaube ebenfalls begegnet. Eines meiner einprägsamsten Gottesdiensterlebnisse war ein Feldgottesdienst, an dem ich teilgenommen habe. Vorne standen ein großes Birkenkreuz und eine Gewehrpyramide, auf dem Altar lag neben der Bibel ein Helm. Vor allem das gemeinsame Singen war beeindruckend. Beim Feldgottesdienst sitzt zwar nicht jeder Ton, aber die Lautstärke ist unschlagbar. Stark. Schmetternd.

Soldat- und Christsein – manche sehen darin einen Widerspruch. Es passt für sie nicht zusammen. Dabei hat Jesus nie abwertend über Soldaten gesprochen. Und Martin Luther hat sich intensiv mit der Frage beschäftigt, wann »Kriegsleute im seligen Stande« sein können. Auch hier kommt es darauf an, wofür man kämpft. Sich und andere zu schützen kann notwendig sein, um den Frieden zu wahren. Ich denke sehr oft über den Satz der Theologin Eva von Tiele-Winckler nach, die geschrieben hat: »Frieden ist nicht Abwesenheit von Kampf, sondern Anwesenheit von Gott.«

Auch an einen anderen Ostergottesdienst erinnere ich mich gut, wenn auch aus anderen Gründen. In meiner Jugendzeit war ich am Ostersamstag mit einem Freund feiern. Zu vorgerückter Stunde haben wir gesagt: Jetzt ist es schon so spät, da können wir auch wach bleiben und noch in die Osternacht gehen.

Wir sind tatsächlich noch ein wenig länger in dem Club geblieben, kurz nach Hause gefahren, haben einen Kaffee getrunken und geduscht. Dann sind wir wieder aufgebrochen, haben uns auf die warmen, geheizten Kirchenbänke gefreut und den Moment, in dem in der Dunkelheit das Osterlicht angezündet wird. Der Plan war: 40 Minuten Gottesdienst, anschließend ein ausgiebiges Frühstück im Gemeindehaus und dann schlafen. Als die Osternacht um fünf Uhr begann, sagte der Pfarrer: »Heute machen wir etwas ganz Besonderes. Wir haben drei Erwachsenentaufen, die feiern wir nicht in der Kirche, sondern im Schlosspark.« Das bedeutete einen ordentlichen Fußmarsch durch die Altstadt, am Friedhof vorbei und bis zum Schlosspark. Wir hatten keine Jacken dabei. Und natürlich hat der Gottesdienst auf diese Weise nicht nur 40 Minuten gedauert, sondern fast zwei Stunden. Unterwegs haben wir öfter angehalten, um gemeinsam zu singen oder zu beten. Die Taufen haben einige Zeit in Anspruch genommen, und auf dem Rückweg war uns eiskalt. Wir haben gefroren. Das war in vielerlei Hinsicht die längste Osternacht meines Lebens. Anschließend haben wir uns mit einem Augenzwinkern gefragt, ob das jetzt die Strafe vom lieben Gott für das abendfüllende Feiern war. Jedes Mal, wenn ich den Freund von damals treffe, lachen wir über diese Geschichte.

Die Kirche ist für mich heute mehr denn je eine unverzichtbare Stimme in unserem Land. Christen sind das notwendige Korrektiv einer Gesellschaft, in der es oftmals nur noch um Effektivität, Kosten-Nutzen-Faktoren und den eigenen Vorteil geht und der einzelne Mensch zuweilen aus dem Blick gerät.

Es gibt im Politikbetrieb einen Spruch, der immer wieder gerne hinter vorgehaltener Hand zitiert wird, wenn sich jemand zu sehr in den Vordergrund drängt oder offensichtlich nur die eigene Karriere vorantreibt: »Lasst uns endlich über Inhalte reden. Was wird aus mir?« Es wäre gut, wenn wir uns selbst nicht so wichtig nähmen. Darum tun Christen der Politik oft gut. Sie wissen um die eigene Fehlbarkeit und sind weniger versucht, sich und die eigene Meinung zu verabsolutieren. Frei von Fehlern sind sie deshalb nicht. Manchmal sind Christen auch der Stachel im Fleisch meiner Partei, die sich – gerade in schwierigen Diskussionen wie der Flüchtlingskrise – immer wieder auf ihre Wurzel besinnen muss. Und das ist das C. Und zwar im Sinne von Glaube, Liebe, Hoffnung. Sonst nichts!

Es ist sehr interessant zu sehen, wie unterschiedlich Menschen auf das Thema Glaube reagieren. Gelegentlich sehr positiv und offen, viel häufiger aber einfach mit Desinteresse. Manchmal erlebe ich sogar ausgesprochen negative Reaktionen. Da begegnen einem eine Intoleranz, eine Ablehnung und ein Hass, wie man es nicht erwarten würde, wenn man über Nächstenliebe, Barmherzigkeit und Vergebung spricht. Die Gründe sind wohl eine diffuse Angst vor dem Unbekannten oder eine offensichtliche Unkenntnis, die einen zwischen Mitleid und ungläubigem Staunen zurücklassen. Oftmals kommt in Diskussionen mit Religionskritikern bald die Rede auf Kreuzzüge und Hexenverfolgung – und wie die Kirche jahrhundertelang den Menschen unerträgliches Leid zugefügt hat. Ich habe den Eindruck, dass diese Argumente, so berechtigt sie einerseits sind, vor allem dem Zweck dienen, sich nicht ernsthaft mit dem Thema auseinandersetzen und das eigene Weltbild infrage stellen zu müssen.

Natürlich ist die Geschichte der Kirche und des Christentums voller Verfehlungen. Dazu gehören auch die jüngsten Missbrauchsskandale. Aber es sind die Verfehlungen von Menschen. Golo Mann hat dazu einen klugen Satz geschrieben: »Die Korruption der Kirche beweist nichts gegen ihre Mission. Im Gegenteil. Dass auf den Menschen kein Verlass ist, dass er der Gnade bedarf, gerade diese Erkenntnis haben alle christlichen Konfessionen gemeinsam.«[2] Dem ist, so finde ich, nichts hinzuzufügen.

Ich denke, Religionsfeindlichkeit ist in unserer Gesellschaft inzwischen ein echtes Problem. Gehetzt wird nicht nur gegenüber Muslimen und Juden. Christen müssen das ebenfalls aushalten. Oft ist es sogar so, dass Hohn und Spott und die Verunglimpfung christlicher Symbole, wie die Darstellung des Heilands am Kreuz, fast schon wie ein Sport betrieben werden. So etwas würden die meisten mit Blick auf den Propheten Mohammed nicht wagen. Christen ertragen diese Form der Demütigung und Herabwürdigung ihres Glaubens dann oftmals still.

Sicherlich ist Demut eine der schönsten christlichen Tugenden, aber Christen dürfen durchaus selbstbewusst auftreten. Schließlich sind wir berufen, die frohe Botschaft hörbar zu bekennen und zu verkündigen. Wahr ist auch: Das Christentum hat jahrhundertelang unsere Gesellschaft geprägt. Viele Errungenschaften fußen auf christlichen Werten. Dabei denke ich an den Schutz der Schwachen, die Versorgung der Kranken und das Verlangen nach Gerechtigkeit. Auch das Grundgesetz bezieht sich auf christliche Werte. Das beginnt mit dem Gottesbezug in der Präambel, und der Artikel 1 spricht von der unantastbaren Würde des Menschen. Die christlichen Wurzeln unserer Gesellschaft sieht man auch ganz praktisch: Viele Krankenhäuser werden von christlichen Gemeinschaften betrieben, Caritas und Diakonie haben einen hohen Stellenwert. Darauf können die Christen zu Recht stolz sein. Wir dürfen unsere Wertvorstellungen und unsere Positionen nicht leichtfertig aufgeben! Caritas und Diakonie sind nicht einfach eine gute Tat. Christen handeln so, weil sie einen Auftrag dazu haben. Deswegen wundere ich mich immer, wenn dieser Auftrag inzwischen fast schamhaft verschwiegen wird. Auch da sollten wir fröhlicher bekennen, was uns antreibt.

Die Versuchung, sich für unverzichtbar zu halten

Die Zeit in der Reha gibt mir Gelegenheit zum Nachdenken, die ich all die Monate und Jahre nicht hatte. Ich habe versucht, alles im Griff zu haben und dadurch manches aus dem Blick verloren – unter anderem meine eigenen Bedürfnisse. Die Krankheit zwingt mich, das Leben kritisch zu reflektieren und mich zu fragen: Wieso ist es so weit gekommen? Und sie bewahrt mich davor, einfach weiterzumachen. Der Versuchung nachzugeben, mich für unverzichtbar zu halten.

Wenn mein Umfeld mich dazu gedrängt hätte, Generalsekretär zu bleiben, dann weiß ich nicht, wie ich bei bester Gesundheit reagiert hätte. Über diese Gedanken spreche ich auch im Kreis der Familie. Während meine Geschwister mir Mut machen, zukünftig deutlich kürzerzutreten, reagieren meine Eltern zunächst irritiert. Meine Mutter merkt an, ich hätte doch nicht all die Jahre derart hart gearbeitet und all die Krisen durchgestanden, um mich nun zurückzuziehen. Mir stünde für meinen aufreibenden Einsatz etwas zu, das ich einfordern müsste. Hat sie damit recht? Geht es jetzt darum, die Früchte der harten Arbeit zu ernten? Immerhin haben wir gerade alle Wahlen gewonnen. Kann es für mich auf der Karriereleiter weiter aufwärtsgehen? Zum Glück schiebt die Krankheit all diesen Überlegungen rechtzeitig einen Riegel vor.

In allem Schlechten liegt auch etwas Gutes. Davon bin ich seit jeher überzeugt. Bei mir ist es angesichts der gesundheitlichen Krise die Einsicht: Jetzt muss ich loslassen!

Vielleicht hätte ich schon viel früher erkennen müssen, dass es an der Zeit ist, eine klare Entscheidung zu treffen. Warum habe ich immer weitergemacht? Je mehr ich darüber nachdenke, desto mehr merke ich, dass es viele verschiedene Gründe dafür gibt. Was ich von zu Hause mitbekommen habe, spielt eine große Rolle. Für die von Max Weber beschriebene protestantische Arbeitsethik ist meine Familie ein perfektes Beispiel. Leistungsbereitschaft, Fleiß und Arbeit haben einen enorm hohen Stellenwert. Die Sozialisierung in der Partei und die öffentliche Erwartungshaltung, die kaum zulässt, eine Schwäche zu zeigen, tun bei mir ein Übriges. Aber ganz wesentlich ist sicherlich ein Männlichkeitsbild, dass sich mit Begriffen wie »durchhalten«, »sich behaupten« und »erfolgreich sein« definiert. Das ist per se nicht zwingend schlecht. Und sicherlich sollte man nicht beim ersten Widerstand oder dem geringsten Problem aufgeben. Aber Härte gegen sich selbst führt allzu leicht auch zur Härte gegen andere.

Wir reden viel über Gleichberechtigung und ein neues Frauenbild in der Gesellschaft, das von den Männern zu Recht etwas abverlangt. Aber gleichzeitig halten wir an einem uralten Rollenbild fest. Männer, die bereit sind, bis zur Selbstaufgabe alles zu geben, werden für ihren Einsatz geachtet und dienen als Vorbilder. Die Leisetreter, die Zartbeseiteten, die sich zurücknehmen, sind für manche irgendwie keine echten Männer.

Helden in Not

Das Thema Gleichberechtigung ist zu Recht ein Dauerthema in der öffentlichen Debatte. Noch immer gibt es Bereiche, in denen Frauen in unserer Gesellschaft benachteiligt werden, nicht nur beim Gehalt. Aber was ist mit den Männern? Ist eine Gesellschaft, in der Männer und Frauen gleichberechtigt sind, nicht auch für Männer eine Chance? In Wahrheit ist es doch so, dass in der »klassischen« Rollenverteilung für die Herren der Schöpfung auch nicht alles Gold ist, was glänzt. Es ist an der Zeit für eine Neujustierung des Männlichkeitsbildes.

Schauen Sie sich mal die Vorbilder an, mit denen Jungs groß werden: Siegfried von Xanten und Tarzan waren die Helden unserer Väter. Männer, die sich für Ruhm und Ehre und ihre Ideale aufgeopfert und gelitten haben. Und wenn am Ende nicht der Tod stand, dann waren sie doch meist ziemlich alleine. Mit den neuen Helden ist es nicht viel besser. Von Harry Potter über Frodo aus dem »Herr der Ringe« bis hin zu den klassischen »Superhelden« wie Batman, Spiderman oder auch Luke Skywalker gilt: Der Held muss den Kampf letztlich einsam durchstehen. Sicher hat er zuweilen Unterstützung, aber am Ende hängt das meiste dann doch von ihm ab. Erfolg und die Bereitschaft zu leiden sind untrennbar miteinander verknüpft. Er muss jedenfalls bereit sein, sich ganz für die große Sache aufzuopfern, vielleicht sogar zu sterben.

Mir fällt nur ein männliches Vorbild ein, das anders ist: Wickie, der kleine Wikinger. Der hat immer Angst vor allem und jedem, löst die Probleme mit guten Ideen und durch die Hilfe der ganzen Wikingerbande. Manche halten Wickie übrigens für ein Mädchen. Vielleicht, weil sein Verhalten so gar nicht zu dem eines kleinen Kriegers passt?

Was macht einen Mann wirklich aus? Der Journalist Hajo Schumacher hat in seinem Buch »Männerspagat« ein Bild gezeichnet, dass mir ganz gut gefällt: Männer sollten statt rücksichtslose Krieger lieber sanfte Kämpfer sein. Und statt Machthaber verantwortungsvolle Entscheider. Doch das setzt voraus, dass man sich Schwäche und Fehler eingesteht. Gefühle zu zeigen, ist für Männer leider oft nicht einfach. Ein Mann, der offen über seine Schwächen und Fehler redet, der gilt als zu weich. Den nimmt man im Zweifel nicht ganz ernst. Das ist kulturell tradiert, in nahezu allen Regionen der Erde und nicht nur in unserer ach so aufgeklärten und modernen Gesellschaft. Das Verleugnen von Gefühlen gilt nicht nur bei archaischen Ritualen indigener Völker als ein Zeichen von Männlichkeit, es ist auch in der modernen Industriegesellschaft weit verbreitet. Und wenn ich darüber nachdenke, dann bin auch ich davon geprägt.

Wie ist das bei weiblichen Vorbildern? Pippi Langstrumpf vermittelt andere Ideale und Werte, um im Leben zu bestehen und Zufriedenheit und Erfüllung zu finden. Ronja Räubertochter und Momo bringen Menschen dazu, sich zu versöhnen und gemeinsam das Gute zu suchen. Auch sie wachsen an ihren Aufgaben – aber ohne dass das Leiden und der Kampf zum Selbstzweck stilisiert werden. Es lohnt sich, hier genauer hinzuschauen …

In meiner alten Schule stand früher ein Denkmal für die gefallenen Schüler des Ersten Weltkriegs. Der Spruch, der darauf stand, ist mir in Erinnerung geblieben: Unseres Lebens Sinn ist Dienst, Kampf unser Schicksal und unsere Stärke Gott! In die heutige Sprache übersetzt: Wir geben alles für unser Land, wenn es sein muss, auch unser Leben!

Wie war das damals mit den jungen Männern, die eher noch Knaben waren? Sie hatten wie alle Jugendlichen zu ihrer Zeit sicherlich tausend Träume und eigentlich ihr ganzes Leben noch vor sich – um dann ins Feuer von Langemarck und Verdun zu gehen und darin zu sterben. Hunderttausende haben ihr Leben verloren, verheizt in einem letztlich sinnlosen Krieg.

Das alte Denkmal ist längst einem modernen Relief gewichen, das an die Toten beider Weltkriege erinnert, und das Ganze atmet einen anderen Geist. Tod und Leid der jungen Soldaten stehen jetzt im Mittelpunkt. Zwei stilisierte Personen tragen eine dritte, Hilflosigkeit und Trauer werden sichtbar, auch wenn keine Gesichter zu erkennen sind.

Seit fast 75 Jahren leben wir inzwischen in Deutschland im

Frieden. Dafür bin ich sehr dankbar. Ein überzogener Nationalismus und die Stilisierung des Opfertodes im Kampf sind uns heute zum Glück fremd. Stattdessen spielen Verhältnismäßigkeit und eine wertegebundene Tapferkeit eine maßgebliche Rolle, wenn wir über die Einsätze der Bundeswehr sprechen. Unsere Truppe hat das Selbstbild, kämpfen zu können, um nicht kämpfen zu müssen.

Vor der Bereitschaft, sich für eine Sache derart einzusetzen, dass man dabei sein Leben riskiert, habe ich großen Respekt. Dass unsere Soldaten kämpfen können, haben sie in Afghanistan vielfach bewiesen. Und manche haben dafür den höchsten Preis bezahlt. Leider wird das von unserer Gesellschaft zu wenig geachtet. Eine Sache hat sich aber zum Glück geändert: Wir wollen keine toten Helden, sondern tun alles dafür, dass jede und jeder gesund aus den Einsätzen nach Hause kommt. Die Toten der Weltkriege erinnern uns daran, dass es erstrebenswerter ist, für eine Sache und sein Land zu leben, nicht dafür zu sterben.

Zum Glück müssen wir uns als Bürgerinnen und Bürger solche Gedanken nicht machen. Doch die Tatsache, dass wir im Frieden leben, bedeutet leider nicht, dass wir keine Opfer mehr bringen. Einige glauben, dass ihre Arbeit und die Karriere es wert sind, ihre Lebenszeit, Beziehungen, Freundschaften, die eigene Familie oder die Gesundheit zu opfern. Der Mythos, dass Durchhalten angesagt ist, führt fast automatisch in die Selbstverleugnung.

Es gab eine Zeit in meinem Leben, da war ich bereit, für mein Amt nahezu alles andere zu opfern. Ob da insgeheim auch der alte Wahlspruch auf der Gedenktafel in meiner früheren Schule eine Rolle gespielt hat?

Ich glaube schon, dass der politische Dienst für unsere Demokratie – und so habe ich meine Aufgabe letztlich immer verstanden – auch ein Ehrendienst ist. Eine Sache, für die es sich lohnt, vollen Einsatz zu zeigen, mich selbst und meine eigenen Interessen zurückzunehmen.

Aber bis wohin kann man gehen? Besser: bis wohin darf man gehen?

Ist es die Aufgabe wirklich wert, die eigene Gesundheit und das Wohlbefinden anderer zu vernachlässigen? Sechs Stunden Schlaf müssen reichen, meistens sind es weniger als fünf. Pausen – braucht man nicht. Essen – spät oder mal eben zwischendurch. Persönliche Anliegen, die Pflege von Beziehungen und Freundschaften oder auch ein Arztbesuch – das muss alles warten, bis wieder Zeit dafür ist. Vielleicht nach dem Bundesparteitag, nach der Wahl, nach den Koalitionsgesprächen. Immer gibt es ein neues Ziel, nach dessen Erreichen es besser wird, so rede ich es mir ein. Nur noch Zeit für »das Amt« und die berufliche Aufgabe zu haben und vieles andere aus dem Blick zu verlieren – damit bin ich gescheitert.

Denn wenn man eine Weile so lebt, denkt und handelt, dann verschieben sich die Maßstäbe.

Was andere für ausgeschlossen und im wahrsten Sinne des Wortes »ver-rückt« halten, erscheint einem selbst irgendwann »normal« zu sein.

Manchmal ist es ein schmaler Grat, auf dem wir unterwegs

sind, vielleicht sogar ein echter Drahtseilakt. Einige schaffen es eine Weile schlafwandlerisch, anderen wird allein vom Zuschauen schwindelig. Während wir weitergehen, vorwärtsstreben, nicht stehen bleiben können, sehen sie schon den nahen Abgrund. Aber man selbst bleibt zuversichtlich, dass der Balanceakt gelingt: »Es sind nur noch wenige Schritte, das Ziel ist so nah ...«

Viele machen sich etwas vor. Als ob sie blind für die Realität sind. Nicht wenige neigen zur Selbstüberschätzung. Davon zeugen auch die Unfallstatistiken und die Erzählungen der Bergwacht. Sie berichten von Menschen, die bei schlechtem Wetter mit absolut ungenügender Ausrüstung unterwegs sind. Die auch dann noch aufsteigen, wenn der Wetterbericht starken Schneefall, Dauerregen oder Sturm vorhersagt. Den von sich selbst und ihren Fähigkeiten Überzeugten, die alle Warnungen in den Wind schlagen. Und einigen, die Hilfe zur rechten Zeit ablehnen, weil sie denken, es wäre doch noch aus eigener Kraft zu machen.

Im Beruf kennen wir das ebenfalls. Das spiegeln die Statistiken der Krankenkassen, die eine stetige Zunahme von Depressionen, von psychischen Erkrankungen, von Burn-out verzeichnen. Mit betrieblichem Gesundheitsmanagement und Präventionsmaßnahmen wird versucht, dem Trend entgegenzuwirken. Doch permanente Erreichbarkeit hat ihren Preis. Vielleicht unterstreicht es das Gefühl eigener Wichtigkeit, wenn einige immer online sind, auch sonntags am Frühstückstisch schnell noch die dienstlichen E-Mails checken, während ihre partnerschaftlichen Beziehungen auf Sparflamme laufen.

Wer kennt sie nicht, die Männer, die über sich selbst sagen: »Schaut her, ich kann das. Was bin ich doch für ein harter Typ! Eigentlich sind meine Kräfte längst am Ende, aber ich ziehe es durch. Ich kann es. Ich mache es. Alle anderen sind schon zurückgeblieben, trauen sich nicht mehr. Nur noch ich halte die Stellung!« Eine Autosuggestion, die irgendwann unweigerlich in die Krise führt. Und dass der angeblich verdiente, der zu erwartende Lohn letztlich vielleicht sogar ausbleiben wird, sieht man nicht. Auf jeden Fall reicht das Geld nicht, um den seelischen Schaden und die zerbrochenen Beziehungen auszugleichen. »Geweint wird, wenn der Kopf ab ist.« So ein blöder Satz. Und auch mit dem Bild, dass der Erfolg einer Sache von mir abhängt, sollte man kritisch umgehen. Es klingt so schön: Du bist unersetzlich. Aber es ist falsch. Denn wenn man sich aufgeopfert hat, dann steht oft schon jemand bereit, der dort weitermacht, wo man aufgehört hat. Wir sind ersetzbar. Eine Vorstellung, die für viele ganz schlimm ist, uns aber letztlich frei machen kann. Es hängt eben nicht alles von mir ab. Andere können das, was ich bislang leiste, sicherlich auch – und vielleicht sogar besser.

Damit ich nicht falsch verstanden werde: Natürlich gibt es vieles, für das es sich zu kämpfen lohnt. Es kann aber passieren, dass der Kampf, den man für eine gute Sache führt, zum Selbstzweck wird. Dass es am Ende vor allem nur noch darum geht, durchzuhalten; wissend, dass eigentlich kein Zweck die Mittel heiligt. Bei dem Versuch, sich selbst etwas zu beweisen, geraten nach und nach alle guten Vorsätze und das Bewusstsein für das richtige Maß aus dem Blick. Und wir rennen einem Irrlicht hinterher.

Was bringt es, wenn ich das eine Ziel noch erreiche, dann aber für lange Zeit oder sogar für immer komplett ausfalle?

»Ausfallen«. Das klingt nach einer Maschine. Aber so wird heute immer wieder auch über Menschen gesprochen, die einfach irgendwann nicht mehr »betriebsbereit« sind. Die Ganztagsstelle in der Leistungsabteilung hat schlapp gemacht. Der Tank ist leer oder der Motor heiß gelaufen, um im Bild zu bleiben.

Was helfen kann: zu erkennen, wie wichtig, wie bedeutsam ich bin – für den Menschen an meiner Seite, meine Familie, meine Kinder und meine Freunde. Leben ist mehr als Arbeiten. Leben darf keinesfalls nur Kampf und Opfer sein. Letztlich geht es darum, einer guten Sache zu dienen.

Aber die gute Sache sind vor allem die Beziehungen zu Menschen, die wir lieben – und die uns lieben. Ihnen muss unsere Aufmerksamkeit gelten, und unseren eigenen Bedürfnissen.

Wenn ich merke, dass mir dafür die Kraft fehlt, dann muss ich mich an anderen Stellen zurücknehmen – um der Sache willen, und um meiner selbst willen. Und eines steht fest: Gemeinsam kommen wir oft schneller und besser ans Ziel. Aber von diesem Selbstverständnis ist die Männerwelt noch weit entfernt. Der einsame Wolf, der Einzelkämpfer und der Held irrlichtern durch unsere Vorstellung.

Wenn ich den Punkt verpasse, an dem es sinnvoll wäre, die Notbremse zu ziehen und umzukehren, richte ich Schaden an. Mein Leben fährt, um im Bild zu bleiben, vor die Wand. Ich selbst, mein Körper und meine Seele nehmen Schaden. Und vielleicht ziehe ich auch andere noch mit hinein. Menschen, die an mir und meinem Verhalten leiden. Meine Familie, meine Partnerin, meine Kinder, meine Freunde oder meine Kollegen. Was müssen meine Mitmenschen aushalten, wenn ich selbst keinerlei Grenzen kenne? Wenn ich irgendwann völlig erschöpft bin und dann zuweilen total unangemessen reagiere?

Während der Reha denke ich häufig über diese Frage nach: Hatte ich den Punkt, an dem ich eigentlich umkehren musste, schon längere Zeit überschritten? Letztlich kann ich diese Frage nicht beantworten. Am Ende fehlte mir die Kraft, das alles zu Ende zu bringen, was ich anfangs mit viel Elan angeschoben hatte. Das ist mir klar.

»Hier stehe ich, ich kann nicht anders, Gott helfe mir. Amen« Martin Luther, der streitbare Reformator imponiert mir mit seinem überlieferten Satz. Für seine Überzeugungen trat er bis zur letzten Konsequenz ein. Aber neben der Härte im Streit war er ein auch fürsorglicher Mann. Für die Seinen ließ er alles stehen und liegen. Er konnte den schönen Dingen etwas abgewinnen, dem gutem Essen und einem geistreichen Getränk. Dass er nicht frei von Fehlern und Zweifel war, mit sich und seinem Gott gestritten hat, macht ihn zu jemandem, mit dem es sich zu beschäftigen lohnt. Seine Theologie der Freiheit und die Erkenntnis, dass man sich die Liebe Gottes nicht verdienen kann, sondern dass er sie uns schenkt, hat auch mir geholfen, wenn ich mit meinem Glauben und vor allem mit meinen eigenen Unzulänglichkeiten und Fehlern gehadert habe. Es lohnt sich, nicht nur im Alltag nach inspirierenden Personen Ausschau zu halten. Als jemand, der Geschichte liebt, beschäftigen mich natürlich immer wieder historische Figuren. Vor allem die preußische Geschichte hat es mir dabei angetan. Alexander von Humboldt, der wohl größte Sohn Preußens, war einer der letzten Universalgelehrten dieser Welt. Was dieser Mann alles erforscht, entdeckt und dokumentiert hat, ist unheimlich beeindruckend. Sein Verständnis der Welt ist bis heute faszinierend. Von Helmuth von Moltke, einem der bedeutendsten Militärs der deutschen Geschichte, stammt der Satz: »Mehr sein als scheinen, viel leisten, wenig hervortreten.« Diese wohltuende Bescheidenheit, das Fokussieren auf den Inhalt und nicht die äußere Form empfinde ich als vorbildlich in unserer lauten Zeit. Noch besser gefällt mir aber ein Satz, den er in einem Brief an seine Frau niedergeschrieben hat. Dort heißt es: »Freundlichkeit gegen jedermann ist die erste Lebensregel, die uns manchen Kummer ersparen kann. Du kannst selbst gegen die, welche dir nicht gefallen, verbindlich und höflich sein, ohne falsch und unwahr zu werden.« Ich arbeite daran.

Manchmal bin ich in der Vergangenheit meinem eigenen Ideal nicht gerecht geworden. Vor allem dann, wenn ich mich selbst maßlos gefordert und letztlich überfordert habe. Denn lange Zeit war ich in dieser Hinsicht kein gutes Vorbild.

Und läuft und läuft ...

Das Bild vom Hamster im Rad ist schon ziemlich abgenutzt. Aber es trifft den Kern dessen, was viele empfinden. Wir rennen und rennen, geben alles – und kommen an kein Ziel.

Es gibt Hamster, die rennen sich in ihrem Rädchen zu Tode. Mein Hamsterrad hieß zuerst »Landesgeschäftsführer«, dann »Bundestagsabgeordneter« und schließlich »Generalsekretär«. Ich habe alles gegeben, mir kaum Pausen gegönnt. Es gab viele Faktoren, die mich immer wieder angetrieben haben. Erfolge, tolle Begegnungen, meine Überzeugungen oder schlicht Disziplin. Oft hatte ich das Gefühl: Es lohnt sich. Ich war mit Feuer und Flamme dabei. Und ich habe lange durchgehalten. Auch dann, als die Stimmen von Freunden und meine innere Stimme mir rieten: Halt mal an. Schau dich um. Stimmt der Weg noch? Bist du noch bei dir? Anhalten konnte und wollte ich aber nicht. Und dann bin ich gestolpert und der Länge nach hingeschlagen. Läufer kennen den Moment, in dem sie keine Chance mehr haben, den unmittelbar bevorstehenden Sturz mit einem Ausfallschritt doch noch irgendwie abzufedern. Dann kann man nur hoffen, dass man so günstig fällt, dass man sich irgendwie abfangen kann und sich nicht verletzt. Wenn es mit ein paar Schürfwunden abgeht und man nach dem Sturz weiterlaufen kann, hat man großes Glück.

Es waren nicht die Anforderungen, nicht die äußeren Umstände oder die anderen, die mich angetrieben haben. Ja, das gab es auch. Vor allem aber war ich es selbst. Meine inneren Antreiber, die mir zugeraunt haben: »Peter, du schaffst das«,

»Jetzt nicht aufgeben!«, »Es läuft doch gerade so gut!«, »Mach weiter, bald ist das Ziel erreicht« – oder: »Was werden die anderen sagen, wenn …« Meistens ist da eine gewissen Portion Selbstironie dabei, wenn wir so etwas denken. Die kann man dann getrost beiseiteschieben, wenn es ernst wird. »Der Schmerz geht, der Stolz bleibt« heißt es unter Marathonläufern. Oder auch »Schmerz ist Schwäche, die den Körper verlässt.« Und ich merke: Was manche mit einem Augenzwinkern sagen, nehmen andere leider wörtlich.

Ohne das Laufen, davon bin ich überzeugt, hätte ich schon früher psychische Probleme bekommen. Der Arzt und Läufer George Sheenan hat einmal gesagt: »Die erste halbe Stunde laufe ich für meinen Körper, die zweite halbe Stunde für die Psyche.« Das unterschreibe ich sofort. Manches Mal musste ich mir den Vorwurf anhören, ich könnte meinen Job kaum ordentlich machen, wenn ich nebenher noch Marathon laufe und dafür trainiere. Es ist aber genau umgekehrt: Nur dank des Sports und der regelmäßigen Laufeinheiten habe ich das mörderische Tempo im Job so lange durchgehalten. Der Sport war allerdings auch ein Vehikel, um mich davon abzuhalten, mich irgendwie eine Weile in aller Ruhe mit mir selbst beschäftigen zu müssen.

Mein Alltag war lange von vielen Zwängen geprägt, selbst auferlegten und äußeren. Ich bin sehr froh, dass das jetzt anders ist, und ich genieße meine neue Freiheit sehr. Und die Lust, mich in die eine oder andere politische Diskussion einzumischen, ist definitiv zurückgekommen. Für mich ist es auch ein Zeichen, dass ich mich langsam innerlich gefunden habe. Nun suche ich mir selbst aus, in welche Kämpfe ich mich hineinbegebe. Die Sache, um die es geht, muss es mir wert sein.

Bei einem heißt der Stopp »Herzinfarkt«, beim Nächsten »Scheidung«. Eines steht fest: Den Sprung in einer Schüssel, den Riss in einer Fassade, die kann man auf Dauer nicht übertünchen. Man kann natürlich vorsichtiger sein, Rücksicht nehmen. Das ist ein Weg, den aber nur wenige zu gehen bereit sind. Denn er bedeutet, anderen eine Schwäche zu offenbaren.

Ein Gedanke verfolgt mich seit meinem Krankenhausaufenthalt: Was wäre, wenn ich der Politik gänzlich den Rücken kehren würde? Die Idee, wenigstens für ein paar Monate auszusteigen, mich in aller Ruhe zu erholen und wieder richtig zu Kräften zu kommen, scheint verlockend. Ich denke dabei nicht an Backpacking in Australien oder eine Auszeit auf einer tropischen Insel. Aber wie wäre es, einen Freiwilligendienst zu absolvieren, für eine Sache, die mir wichtig ist? Etwas zu tun, was man als zutiefst richtig und gut empfindet, ohne dass einen Zweifel plagen.

Mir ist natürlich klar, was hinter solchen Gedanken steckt: der Wunsch, noch einmal wirklich frei zu sein von allen Zwängen. Ein Gefühl, wie zuletzt nach dem bestandenen Abitur.

Loszuziehen, nicht zu viel zu planen, nicht auf die Uhr schauen zu müssen, sich eher auch einmal treiben zu lassen. Den Stress und die Belastung der vergangenen Monate endlich hinter sich zu lassen. Vielleicht auch eine neue herausfordernde Aufgabe zu suchen. Sich Menschen zuzuwenden, die man gerne hat, die einem guttun und inspirieren.

Jeder kennt solche Träume und Gedanken. Am Ende eines schönen Urlaubs fragen wir uns, wie das wohl wäre, wenn wir einfach hierbleiben könnten und aller Sorgen ledig wären. Aber der Rückflug ist längst gebucht. Am nächsten Montag warten die Kolleginnen und Kollegen im Büro. Dazu eine Halde unerledigter Aufgaben und mehrere Hundert aufgelaufene E-Mails.

Wie viele wagen wirklich den Ausstieg aus den Tretmühlen des Alltags? Und wie vielen gelingt es am Ende, damit glücklich zu werden? Denn in Wahrheit ist dieses süße Nichtstun nicht das, was uns zufrieden sein lässt. Wir brauchen eine Aufgabe, die uns erfüllt. Oder wenigstens eine Arbeit, die es erlaubt, dass wir uns daneben die Freiräume erschließen, in denen wir Erfüllung finden.

Je älter wir werden, desto schwerer fällt es uns, den breiten und vielleicht auch etwas ausgetretenen Weg zu verlassen oder gar zur letzten Gabelung zurückzugehen, wenn wir das Gefühl haben, die falsche Richtung eingeschlagen zu haben. Querfeldein und übers offene Feld zu gehen, das scheint unmöglich zu sein. Und eigentlich müssten wir zwischendurch immer wieder stehen bleiben, um uns umzuschauen und zu orientieren. Dafür fehlt vermeintlich die Zeit. Oder wir nehmen sie uns nicht.

Auch wenn ich sonst eher die alten Choräle schätze, mag ich ein modernes Kirchenlied, das Klaus-Peter Hertzsch getextet hat, sehr. Entstanden ist es im Sommer 1989 in der damaligen DDR. Ich spüre, wie sehr uns der Mut und die Hoffnung dieser Zeit heute guttun würden. In der letzten Strophe heißt es:

Vertraut den Neuen Wegen,
auf die uns Gott gesandt!
Er selbst kommt uns entgegen.
Die Zukunft ist sein Land.
Wer aufbricht, der kann hoffen
in Zeit und Ewigkeit.
Die Tore stehen offen.
Das Land ist hell und weit.[3]

Das Lied ist eigentlich für eine Hochzeit geschrieben worden. So habe ich es erklärt bekommen. Aber es ist bis heute ein wunderbares Lied, um Mut zu machen. Und Mut und Zuversicht braucht unsere Gesellschaft, brauchen Menschen immer wieder.

Aus der Ferne betrachtet ...

Mitte Februar ist es so weit: Ich reise nach Berlin, um meinen Rückzug vom Amt des Generalsekretärs bekannt zu geben. Mir ist es wichtig, diesen Schritt zumindest mit dem engsten Führungskreis der Partei persönlich zu vollziehen und nicht nur eine schriftliche Erklärung abzugeben. Dafür entlasse ich mich quasi selbst einen Tag aus der Reha. Ein letzter Kompromiss, denn eigentlich geht das nicht. Aber medizinisch ist es vertretbar, und so verschwinde ich still und leise aus der Klinik.

Im Präsidiumszimmer des Konrad-Adenauer-Hauses kommen wir zusammen. Angela Merkel richtet Worte des Dankes an mich. Dann bin ich an der Reihe und sage in etwa das, was ich später auch vor der Presse erklären werde.

Ein Journalist schreibt danach: »Nein, Peter Tauber ist nicht zurückgetreten. Der 43-jährige Historiker und Reserveoffizier, der bei der Nationalhymne stets die Hand aufs Herz legt und in seinem Büro mehrere Porträts der Preußenkönigin Luise aufgehängt hat, würde seiner Kanzlerin und Parteivorsitzenden niemals wie Oskar Lafontaine dem damaligen Kanzler Gerhard Schröder ein Amt vor die Füße werfen. Auch Flucht aus der Verantwortung, wie sie angeblich Christian Lindner beging, kommt für Tauber nicht in Frage. Er sieht es, wie der Dichter Friedrich Rückert … formuliert hat: ›Füge dich der Zeit, erfülle deinen Platz, und räum ihn auch getrost: Es fehlt nicht an Ersatz!‹

Taubers Abgang ist selbstbestimmt. Dennoch haftet dem Ende seiner Amtszeit mehr als nur etwas Tragisches an. Der Mann, dessen Jugendlichkeit und Fitness stets Teil seines Images war und der auch als Generalsekretär Laufstrecken twitterte, ist schwer erkrankt.«[4]

Bis auf die Tatsache, dass lediglich ein Porträt der Königin Luise und ein Abbild der berühmten Prinzessinnengruppe von Schadow, das Luise mit ihrer Schwester zeigt, in meinem Büro an der Wand hängen, trifft es das.

Der Zuspruch und die aufmunternden Worte, die ich nun noch einmal erfahre – auch über das Präsidium und mein persönliches Umfeld hinaus –, tun mir gut. Aber nach all dem, was ich in den letzten Wochen und Monaten erlebt habe, ist diese Veranstaltung heute auch irgendwie unwirklich und trotzdem ein guter Abschluss.

Auf dem Rückweg nach Bad Orb in die Rehaklinik fühle ich mich erleichtert. Ich bin mit mir im Reinen, merke aber, dass ich noch Abstand vom politischen Berlin und den dort wirkungsmächtigen Mechanismen brauche. Die Reha ist nicht nur für meinen Körper wichtig, sondern auch für meinen Kopf.

Als Ende Februar 2018 der Bericht vom CDU-Parteitag über den Bildschirm flimmert und hin und wieder auch mein Name eingeblendet oder genannt wird, sitze ich währenddessen in der Rehaklinik auf dem Ergometer und schaue zu. Im Augenwinkel sehe ich die anderen Patienten im Raum, die ebenfalls in die Pedale treten oder gerade kommen und gehen. Ob sie mich erkennen? Ich bilde mir ein, den ein oder anderen verstohlenen Blick zu erhaschen. Aber vielleicht täusche ich mich auch.

Eine lustige Begegnung gab es vor Kurzem beim Mittagessen. Mit den netten älteren Damen und Herren an meinem Tisch habe ich mich schnell angefreundet. Sie wissen, wer ich bin, und wir erzählen sehr offen. Ich gehöre zu den jüngeren Menschen in der Klinik und falle vermutlich allein deswegen auf. Aber viele wissen wohl nicht, wer da mit ihnen zur Physiotherapie oder zum Blutdruckmessen geht. Eines Tages steht ein Mann am Nebentisch auf und kommt zu uns, als wir gerade die nette Mittagsrunde auflösen und den Speisesaal verlassen wollen. Er fragt mich, ob mir schon mal jemand gesagt hätte, dass ich aussehe wie der Peter Tauber von der CDU. Da kann ich mir ein Grinsen nicht verkneifen. »Das kenne ich«, sage ich. »Ich bin's nämlich selbst.« Wir müssen beide lachen.

Auf dem Parteitag wird meine Nachfolgerin Annegret Kramp-Karrenbauer lauthals bejubelt und blickt strahlend in die Kameras. Bei ihrer Antrittsrede sagt sie selbstbewusst: »Ich kann, ich will und ich werde.« Ob sie den Jubel und die Begeisterung genießt? Ob sie ahnt, dass auch ganz andere Zeiten kommen werden? Wie wird sie damit umgehen?

Und ich? Ich sitze hier im Trainingsanzug, körperlich ziemlich kaputt, auf dem Rädchen, strample und versuche wieder richtig auf die Beine zu kommen. Manch einer könnte denken, dass ich mich in diesem Moment ganz elend fühle, weil mich meine Erkrankung von der Bildfläche gefegt hat. Aber es ist nicht so. Meine körperliche Kraft kommt zurück, aber mir fehlt noch die Energie für den Berliner Politikbetrieb. Die Krankheit ist für mich fast so etwas wie ein Schutz, so fühlt es sich an. Ich bin jedenfalls froh, weit weg von alldem zu sein und mich nur mit relativ überschaubaren Themen befassen zu müssen. Etwa mit den Fragen, was es morgen wohl zu essen gibt und ob ich gleich die zehn Minuten Gehen auf dem Laufband schaffen werde.

Ich fühle mich auf keinen Fall wie ein Verlierer. Im Gegenteil. Ich habe gewonnen: neue Erkenntnisse, einen anderen Blick auf die Welt und mein Leben. Das will ich mir nicht wieder nehmen lassen.

Natürlich bin ich schon vor einiger Zeit gefragt worden, ob ich zum Parteitag komme. Aber das wollte ich nicht. Sicher hätte ich mich gefreut, Freunde und Delegierte zu treffen, die ich in den vier Jahren kennengelernt habe. Viele Gespräche und gute Wünsche hätten mich sicherlich begleitet. Aber da wären auch die gewesen, die nichts ausgelassen haben, gegen mich zu arbeiten und zu lästern. Die muss ich jetzt noch nicht wiedersehen. Ich weiß nicht, wie ich reagiert hätte, wenn da der ein oder andere aus dem Lager der notorischen Nörgler auf mich zugekommen wäre, um mir mit Krokodilstränen alles Gute zu wünschen. Und ganz ehrlich: Die Blicke derjenigen, die froh sind, dass ich weg bin; deren Schadenfreude und Häme, das ist nichts, was ich jetzt schon wieder ertragen kann.

Das Gute suchen

Auch wenn ich einen hohen Preis für den Stress der letzten Jahre bezahlt habe und an vielen Stellen enttäuscht worden bin, wird mir deutlich: Mein Weg in der Politik ist noch nicht zu Ende. So viele wunderbare Menschen durfte ich bislang kennenlernen, für die sich der Einsatz lohnt. Sie alle machen unser Land zu dem besten Deutschland, das es je gab.

Über die guten Geschichten lesen und sehen wir leider viel zu selten etwas. Sie sind keine Schlagzeile wert, aber sie geschehen jeden Tag. Ich denke an die Geschichten der Eltern, die sich mit viel Liebe um ihre Kinder kümmern. An Pflegekräfte, Ärzte, Polizisten, Feuerwehrleute, Ortsvorsteher und Bürgermeister und viele andere, die sich darum mühen, dass wir ein gutes Leben führen können, um das uns viele Menschen in anderen Ländern beneiden. Ein Beispiel gefällig? Klaus Kleespies aus Burgjoß ist einer, von dem wir uns eine Scheibe abschneiden können. Er hatte lange im Ort einen Friseurladen, inzwischen hat er ihn an seine Enkeltochter Luisa abgegeben. Er ist einer, der nicht meckert, sondern zupackt. Der weiß, was er will, aber dabei nicht darüber hinweggeht, was andere sich wünschen. Es ist ganz maßgeblich ihm zu verdanken, dass das kleine Dorf allen Trends der Zeit trotzt. Demografischer Wandel und Ärztemangel auf dem Land? Keinen Laden im Dorf, und die letzte Gaststätte ist zu? Das gilt alles nicht in Burgjoß. Die dörfliche Gemeinschaft hält nicht nur zusammen, sondern ist vorbildlich in vielfacher Hinsicht. Das Dorf hat irgendwann entschieden, dass man unabhängig vom Öl werden will. Inzwischen versorgt eine Holzhackschnitzelheizanlage sowie eine Bioenergieanlage nahezu das ganze Dorf mit Strom. Klaus Kleespies war Ideengeber für die Genossenschaft, er hat die Bauarbeiten, die weitgehend die Bewohner von Burgjoß selbst gestemmt haben, mitkoordiniert, die notwendigen Behördengänge für Genehmigungen und Zuschüsse erledigt und immer wieder Überzeugungsarbeit geleistet. So etwas geschieht an vielen Stellen in unserem Land – dass Bürgerinnen und Bürger nicht darauf warten, dass andere aktiv werden, sondern selbst dafür sorgen, dass etwas in Bewegung kommt. Das finde ich ganz wunderbar! Ich denke dabei auch an die Pfarrerinnen und Pfarrer, die nicht nur mitreißend predigen, sondern die Tür ihres Hauses aufmachen, wenn da jemand steht, der nicht mehr weiterweiß. Auch Ihnen werden vermutlich viele Menschen einfallen, die dazu beitragen, dass unser Alltag ein wenig schöner wird und das Miteinander gelingt.

Und dann gibt es auch noch diejenigen, die so viel mehr tun als das, weil sie zuweilen über sich selbst hinauswachsen. Und wenn es nur für einen einzigen Moment in ihrem Leben ist. Aber es ist genau der Moment, auf den es ankommt. So pathetisch das klingen mag, aber es stimmt wirklich – das ist es, was mich berührt und antreibt: solchen Menschen zu begegnen und mit ihnen nach neuen Wegen für unser gesellschaftliches Miteinander zu suchen. Und mich nicht zu lange mit denen aufzuhalten, die nur am Wegesrand stehen und meckern, vor allem auf die Probleme schauen und nicht auf die Lösungen.

Das Gute zu suchen und dazu beizutragen, dass das Leben gelingt – dieser Gedanke ist es, der mich begeistert und all die Jahre getragen hat. Und für die Menschen, die dies ebenso sehen, will ich mich weiter einsetzen. Das weiß ich.

V
NEUSTART

Es ist Sonntagabend, kurz nach 20 Uhr. Das Wochenende habe ich in Berlin verbracht, weil ich am Freitag noch eine Marschgruppe von Reservisten und Soldaten im Ministerium begrüßt habe. Samstag hatte ich frei. Heute war ich vormittags dann doch noch einmal im Haus, wie wir das formulieren, wenn wir im Büro sind, und habe ein paar liegen gebliebene Dinge abgearbeitet. Nun habe ich frei und entschließe mich mehr oder weniger spontan, eine Runde durch Berlin zu laufen.

Eine meiner Lieblingsstrecken führt durch den Schlosspark Charlottenburg, dann an der Spree entlang und schließlich vorbei am Konrad-Adenauer-Haus. Als ich kurz zu meinem alten Büro hochblicke, sehe ich, dass dort noch Licht brennt. Ich stelle mir vor, was dort gerade los ist: Entweder gilt es einen Koalitionsausschuss vorzubereiten, oder es gibt eine außerplanmäßige Sitzung des Präsidiums. Vielleicht sitzt da aber auch nur jemand und arbeitet sich durch die Flut an Post und E-Mails. So wie ich am Vormittag.

Die Stimmung war schon besser. Schlechte Umfragen treiben die Mitarbeiter in der Zentrale und die Parteiführung um. Man sucht nach Strategien, um das zu ändern. Und natürlich beschäftigt es mich, wenn es meiner Partei nicht gut geht. Aber während ich früher selbst dort oben im Büro gesessen habe, kann ich heute in Ruhe meine Laufrunde beenden und nehme mir dann von meinem Lieblingsitaliener noch eine große Pizza mit nach Hause. Der Abend gehört mir. Ich bin dankbar dafür. Auch für meine neue Aufgabe, die wieder viel Verantwortung mit sich bringt, aber doch kaum vergleichbar ist.

Die Menschen schimpfen oft über Parteien. Sie machen sich kein Bild davon, wie sehr die Verantwortlichen mit sich selbst ringen, welch hohen Anspruch sie an sich haben. Und auch wie notwendig Parteien für eine Demokratie sind. Es wäre gut, wenn sich mehr Bürgerinnen und Bürger politisch engagieren würden.

Paul Ziemiak ist seit einer Weile CDU-Generalsekretär. Er hat sich sicherlich schon die ersten Meriten verdient, aber auch Schläge einstecken müssen. Nach einigen Monaten hat er zu mir gesagt, dass er jetzt verstehen würde, wie es mir damals ergangen ist. Auch ich merke erst nach und nach, wie groß die Zwänge eigentlich waren, denen ich in den letzten Jahren ausgesetzt war. Wie sie alle Bereiche meines Lebens durchdrungen und am Ende auch einen Teil meiner Lebensfreude getilgt haben. Das zu ändern war im wahrsten Sinne des Wortes not-wendig.

»Es gibt kein Warum, nur ein Wofür«

Ich stehe in der Mitte des Lebens. Ich bin 45 Jahre alt und habe ziemlich genau die Hälfte meines beruflichen Lebens hinter mir. Das bedeutet auch: Die zweite Hälfte liegt noch vor mir! Beim Marathon bedeutet das noch 21 weitere Kilometer. Das ist ziemlich lang, aber auch aufregend, denn es kommt nun nicht mehr nur darauf an, dass die Beine noch können. Der Kopf muss wollen und können. Jeder, der Marathon läuft, kennt den Mann mit dem Hammer. Er kommt meist in der zweiten Hälfte der Distanz. Bei mir hat er genau zur Hälfte meines beruflichen Lebens zugeschlagen. Ich habe ihn nicht kommen sehen.

Gute Läufer wissen, wie sie diese Laufphase überwinden. Ich bin nach dem Schlag hingefallen, aber nicht liegen geblieben, auch wenn es zwischenzeitlich schlecht um mich bestellt war. Nun heißt es weiterlaufen. Vorsichtiger als vorher, aber dafür auch um einige Erkenntnisse reicher. Ich genieße jeden Tag meines neuen Lebens und habe mir nach der gesundheitlichen Krise einige wichtige Fragen gestellt. Unter anderem: Warum ist mir das passiert?

»Es gibt kein Warum, nur ein Wofür«, steht auf einem Grabstein, den ich auf dem Berliner Invalidenfriedhof entdeckt habe. Dort bin ich am Ende meines Krankenhausaufenthalts spazieren gegangen. Ich hatte Glück im Unglück. Die Krise hat mich auf die richtige Spur gebracht.

Aber wie ist es, wenn man lange Zeit in der ersten Reihe steht, einem permanente Aufmerksamkeit sicher ist und man dann einen Schritt zurücktritt? Wie werde ich mich fühlen, wenn ich weniger wahrgenommen werde? Einmal habe ich mit meinen drei besten Freunden darüber gesprochen. Auf ihre Frage »Wie geht es denn jetzt weiter?« habe ich den Satz fallen lassen: »Zur Not bin ich eben nur noch Abgeordneter!« Einer war völlig konsterniert und meinte: »Du bist einer von 700 Abgeordneten, die wir in unserem Land haben. Das ist doch nicht ›nur‹. Was hast du denn für eine Sicht der Dinge? Du warst so begeistert, als du in den Bundestag gewählt worden bist, so stolz. Und jetzt sagst du ›nur‹?« Da habe ich mich tatsächlich etwas geschämt, denn er hatte recht. Ich darf das tun, wovon andere träumen. Und ich muss mir nichts mehr beweisen.

Am Anfang eines Weges fehlt oft der Überblick und das Gespür, wo möglicherweise Gefahren lauern. Das ist jetzt anders. In der Mitte von etwas zu stehen heißt, in alle Richtungen schauen zu können. Es bieten sich unheimlich viele Möglichkeiten! Vor uns liegt ein weites Feld. Wir können nun mit viel Erfahrung zurückblicken, manches richtig einordnen. Es wird weitergehen.

Nachdem ich aus der Reha entlassen bin, stellt mir die Kanzlerin die Frage, wo ich in Zukunft gerne einen Beitrag leisten möchte. Was für ein Privileg! Das ist mir bewusst. Und für mich ist sofort klar: Ich möchte gerne ins Verteidigungsministerium, weil ich mich der Bundeswehr verbunden fühle.

Heute bin ich Parlamentarischer Staatssekretär im Verteidigungsministerium. Ich empfinde es als große Ehre, mich an dieser Stelle einbringen zu können. Die Arbeit im Parlament und Verteidigungsausschuss ist genauso herausfordernd wie die internationalen Sicherheitskonferenzen, die Einsatzreisen oder Truppenbesuche in der Heimat.

Derzeit lebt die Bundeswehr in zwei Welten. In einigen Bereichen hat sie moderne und gut funktionierende Waffen und Geräte, oder die Systeme sind teilweise älter als ich, und Ersatzteile fehlen. Selbst wenn heute neue Fahrzeuge in die Truppe kommen, dann können keine alten ausgemustert werden, weil in einer Zeitspanne von über 30 Jahren, in denen zu wenig getan wurde, große Lücken entstanden sind. Wir rüsten momentan nicht auf, wir stellen der Truppe nur endlich das zur Verfügung, was sie braucht, um ihren Auftrag zu erfüllen. Die Männer und Frauen in der Bundeswehr haben das verdient. Noch wichtiger als Gerät und Material sind natürlich die Menschen. Dafür, dass es ihnen gut geht, dass sie ihre Aufgabe mit Begeisterung erfüllen können und nicht unter irgendwelchen äußeren Umständen und mangelnder Fürsorge leiden, will ich mich einsetzen.

Vor einiger Zeit war ich bei der Soldatenwallfahrt in Lourdes dabei und habe an einem Festgottesdienst der Truppe mit Bischof Franz-Josef Overbeck teilgenommen. Das hat mir gutgetan. Es war ein besonderes Erlebnis an einem faszinierenden Ort, an dem viele Heilung und Trost suchen. Mit jungen Soldatinnen und Soldaten aus aller Herren Länder Gottesdienst zu feiern und miteinander zu beten war bewegend. Einander zu sehen, aufeinander zu hören, voneinander zu lernen – das ist das Wichtigste.

Der Dienst, als solchen empfinde ich meine Arbeit, erfüllt mich sehr. Aber mir ist klar, dass ich auf meine Grenzen achten und häufiger Pausen machen muss. Und das tue ich, auch wenn mein Stundenpensum ähnlich hoch ist wie früher. Ich nehme mir Zeit zum Nachdenken, zum Lesen und für Menschen, die ich mag. Außerdem kann ich wieder ziemlich oft laufen gehen – das tut so gut und befreit.

Manchmal sagt man mir heute eine heitere Gelassenheit nach. Und tatsächlich merke ich, dass ich mich nicht mehr so schnell über Dinge aufrege, die mich früher in Rage gebracht haben. Ich habe eine neue Ruhe und Gelassenheit gefunden. Es fällt mir nicht schwer, um Hilfe zu bitten, wenn ich sie brauche.

Früher habe ich mich stark an der Frage orientiert, was andere von mir denken. Davon bin ich weitgehend frei. Heute muss ich lächeln, wenn ich den Peter Tauber vor Augen habe, der mit grimmiger Miene durch den Tag gegangen ist, wenn ein Journalist einen negativen Artikel über ihn geschrieben hatte. Natürlich konnte ich das so nicht akzeptieren, keinesfalls wollte ich das so stehen lassen. Aber es war geschrieben, hatte sich verbreitet, ließ sich nicht ändern. Manches, was über mich gesagt wurde, hat mich tief verletzt. Von einigen Menschen bin ich enttäuscht, weil ich mich in ihnen geirrt habe. Und ich habe sicher selbst andere enttäuscht. Aber ich habe mich bewusst entschieden, diesem Groll möglichst wenig Raum zu geben. Nur so kann Vergebung gelingen.

Einige scheinen den ganzen Tag nichts anderes zu machen, als darüber nachzudenken und zu sprechen, was gerade alles schlecht läuft. Sie reden unentwegt über Probleme, lästern über Dritte, benennen Schwachstellen. Manches wird schlimmer, wenn man ihm zu viel Beachtung schenkt und Raum lässt.

Ich denke, irgendwann muss sich jeder entscheiden: Will ich vor allem das Gute sehen oder das Schlechte? Wenn ich mich auf das Schlechte konzentriere, dann ist das nicht gesund. Und mich hat genau das krank gemacht.

Heute versuche ich bewusst, größere Gelassenheit an den Tag zu legen. Wenn ein Ärgernis aufkommt, besser erst einmal tief durchatmen. Lächeln. Nachdenken. Mit Bedacht handeln. Mehr Rücksicht nehmen. Rücksicht auf andere. Und vor allem auch Rücksicht auf mich, meine Gesundheit, meine Seele. Wie sagt Jesus: »Liebe deinen Nächsten wie dich selbst.«

Dies im Blick zu behalten bedeutet auch, weniger »Lebenszeitvernichtung« zu betreiben. Ich denke dabei an manche Termine, von denen eigentlich alle Beteiligten im Vorhinein wissen, dass sie zu nichts führen. Warum finden sie trotzdem statt? Diese Frage muss man sich ernsthaft stellen. Sicherlich gibt es auch die Besprechungen, bei denen nahezu alle zunächst davon ausgehen, dass man gemeinsam weiterkommt – und dann scheitern die Gespräche doch an diesem und jenem. Das war nicht absehbar. Und es ist gut, dass daran gearbeitet wird, Lösungen zu finden. In anderen Fällen ist wirklich fast jedem von vornherein klar: Das Treffen findet nur statt, damit man später sagen kann, man hätte versucht, das geplante Projekt voranzutreiben. Das ist leider Teil des Politik-Betriebs. Aber es läuft in zahlreichen Unternehmungen und Organisationen ähnlich ab. Und das Tag für Tag.

Viele klagen über zähe Meetings, in denen sie stundenlang zuhören, während einige wenige versuchen, sich zu profilieren. Eigentlich weiß man schon vorher, dass es klüger wäre, dem Ganzen fernzubleiben und die wesentlichen Fragen anders zu klären. Oft bewirkt ein kurzes Gespräch unter vier Augen mehr als die große Runde, in der sich keiner eine Blöße geben oder negativ auffallen möchte, wenn er seine Meinung kundtut.

Mir ist klar, dass es schwer ist, solche jahrelang eingeübten Prozesse zu ändern, selbst wenn sie weitgehend sinnbefreit sind. Aber es wird nicht besser, wenn wir uns in alles fügen und nichts sagen. Im Gegenteil.

Achtsam zu sein und nicht jedem Impuls nachzujagen, klar Nein zu sagen. Das habe ich gelernt.

Meine Arbeitstage sind immer noch lang, aber sie sind meistens weniger stressig als in meiner Zeit als Generalsekretär. Dies liegt vor allem daran, dass meine neuen Aufgaben nicht mehr so stark mit öffentlicher und medialer Aufmerksamkeit verbunden sind.

Einerseits bin ich noch mehr unterwegs als früher. Ich reise in Regionen, in denen wohl niemand Urlaub machen würde. Seit meiner Ernennung zum Staatssekretär bin ich in mehr Ländern gewesen als vorher in meinem gesamten Leben. Trotzdem kann ich heute viel öfter in Gelnhausen sein als früher. Was wie ein Widerspruch klingt, empfinde ich als großes Geschenk. Ich weiß am Ende, wo ich ankommen kann.

Das Leben findet jetzt statt

Vor Kurzem war ich mit einem Mitarbeiter in meinem Gelnhäuser Lieblingscafé. Wir waren schon den ganzen Vormittag unterwegs, hatten einen Termin nach dem anderen. Eigentlich hatten wir auch jetzt wenig Zeit und haben nur einen kurzen Stopp eingelegt, weil wir nicht wussten, wie wir die halbe Stunde bis zum nächsten Termin ausfüllen sollten. Das Wetter war ungemütlich, der Weg zum nächsten Treffpunkt nicht mehr weit. So fiel die Entscheidung, kurz im Café vorbeizuschauen. Wir saßen kaum, als die Chefin des Hauses einen dampfenden Käsekuchen aus dem Ofen holte. Da haben wir denen, die auf uns warteten, spontan Bescheid gegeben, dass wir zehn Minuten später kommen. Ich musste einfach erst ein Stück von diesem Kuchen essen. Es war kein Problem, dass wir mit leichter Verspätung eintrafen. Im Gegenteil! Die Entscheidung, dem Gefühl zu folgen, war goldrichtig! Denn anschließend waren wir alle so gut gelaunt, dass es am Ende die beste Begegnung des ganzen Tages wurde. Ohne den kleinen Kuchenmoment, der mir ein glückseliges Gefühl schenkte, wäre es mit ziemlicher Sicherheit anders gewesen.

Mir ist es wichtig, Menschen freundlich zu begegnen, sie zu bestärken. Jede und jeder ist wichtig und wird gebraucht. Ich will versuchen, mit meinem politischen Wirken eine gute Spur zu hinterlassen, andere dazu anzuregen, selbst Hoffnung zu verbreiten statt Hass und Gleichgültigkeit.

Heute erlaube ich es mir, mich an einigen Stellen stärker zu öffnen, als ich dies früher getan habe. Gefühle und auch einmal Schwäche zeigen ist in Ordnung. Mitgefühl, Empathie – das macht das Leben aus.

Natürlich trage ich mein Seelenleben nicht wie ein offenes Buch vor mir her. Aber ein wenig mehr Verständnis und Offenheit tut uns allen gut. In einer Art Rüstung unterwegs zu sein, macht jedenfalls keinen Sinn. Den Schutzschild, von dem ich früher glaubte, ich müsse ihn auch für andere tragen, konnte ich ablegen. Denn ich weiß: Du musst kein Held sein.

Das bedeutet nicht nur, dass ich aufgehört habe, permanent abwehrbereit und auf Verteidigung bedacht zu sein. Es fällt mir viel leichter als früher, auch mal einem Streit aus dem Weg zu gehen. Damals war mein Motto »Auf einen groben Klotz gehört ein grober Keil« oder auch »Viel Feind, viel Ehr«. Wenn ich mich heute mächtig über jemanden ärgere, versuche ich erst einmal, ihn zu verstehen, anstatt direkt verbal zurückzuschlagen. Das gelingt mir zugegebenermaßen nicht immer, aber immer öfter.

Auch was andere Dinge angeht, bin ich nicht mehr ganz so streng mit mir selbst und anderen. Klar, wer immer versucht hat, diszipliniert zu leben, kommt nicht so schnell aus seiner Haut heraus. Aber es passiert inzwischen öfter, dass ich etwas mache, das weder notwendig noch nützlich ist. Auch das ist Freiheit.

Ich bin fröhlicher, zufriedener, gelassener und dankbarer als vor der Krankheit. Schade eigentlich, dass ich das alles erst durchmachen musste, um zu verstehen, was falsch läuft. Dass ich manches nicht von selbst geändert habe, sondern dazu gezwungen werden musste. Aber so sollte es wohl sein.

Machen wir uns nichts vor: Dass eine Krankheit einen völlig läutert und zu einem neuen Menschen macht, ist illusorisch. Einige Fehler, die mir schon öfter passiert sind, sehe ich durchaus. Das heißt nicht, dass ich sie abstellen kann. In der politischen Debatte halte ich es weiter für notwendig, klare Positionen zu vertreten, an denen man auch anecken kann.

Ich bin nicht wirklich bibelfest, aber es gibt ein paar Stellen, die mir präsent sind, wenn ich über mich nachdenke. Paulus schreibt in einem Brief an die Gemeinde in Korinth: »Ist jemand in Christus, so ist er eine neue Kreatur; das Alte ist vergangen, siehe, Neues ist geworden.« Für mich meint das nicht, dass man durch Taufe und Glaube zu einem neuen und vielleicht besseren Menschen wird. Es bedeutet vielmehr, dass ich mithilfe von Jesus Christus jeden Tag eine neue Chance habe, etwas zu tun, was mich und die Welt ein klein wenig besser macht. Diese Sicht hilft mir, mich neu zu motivieren, mir Fehler zu verzeihen und nach vorne zu schauen. Ich habe ja die Chance, es morgen besser zu machen.

Auch wenn ich dankbar bin, dass ich lebe, heißt das nicht, dass ich keine Wünsche mehr hätte. Sicher werden nicht alle in Erfüllung gehen. Das wäre vermessen. Aber mir wurde in meinem Leben schon vieles geschenkt, sodass ich zuversichtlich bin, dass der liebe Gott mir den einen oder anderen Wunsch durchaus noch erfüllen wird. Dort, wo ich selbst etwas tun kann, um meinen Zielen und Wünschen nachzugehen, werde ich versuchen, die Weichen richtig zu stellen. Aber es liegt nicht alles in meiner Hand, und manches gelingt ohne mein Zutun, ganz von selbst. Es ist Gnade, Geschenk. Diese Einsicht tut gut.

Wenn heute mein letzter Tag wäre

In der Tradition der christlichen Klöster gibt es eine Übung: sich vorzustellen, dass heute mein letzter Tag wäre. Was würde ich gerne noch machen? Wen würde ich gerne noch treffen und mit ihm Zeit verbringen? Was würde ich wem noch gerne sagen, bevor mein Leben zu Ende geht?

Wenn ich mich heute frage, was ich anders machen würde, wenn ich mein bisheriges Leben noch einmal leben dürfte, wird mir schmerzlich bewusst, dass es einiges gibt, was ich wirklich bereue. Ich habe Menschen enttäuscht. Vor allem eine Frau, die ich liebte. Und ich habe mich selbst getäuscht. Im Rückblick stelle ich fest, dass ich vielfach zu schnell unterwegs war – und nicht gemerkt habe, dass dadurch manches verloren ging, was wichtig war. Wenn ich irgendwo einen Termin wahrgenommen habe, wenn ich mit netten Menschen zusammen war, ging es mir häufig so, dass ich in diesem Moment schon wieder in Gedanken bei der nächsten Veranstaltung war. Dies verhindert, dass man den Moment genießen, die Kostbarkeit des Augenblicks in sich aufsaugen und etwas für sich selbst mitnehmen kann.

Ich habe mir fest vorgenommen, intensiver zu leben und ganz im Moment zu sein.

Wenn heute mein letzter Tag wäre, wüsste ich, was noch zu tun ist. Sicher bin ich mir auch, dass ich meinen letzten Tag gerne in Gelnhausen verbringen würde, mit Menschen, die mir wichtig sind. Wahrscheinlich würde ich einfach versuchen, alles noch einmal zu genießen, was ich so sehr mag. Ich würde Musik hören, eine Stunde im Wald laufen gehen, danach mit einem Kaffee auf der Couch sitzen, Süßigkeiten naschen, mein Lieblingsbuch zur Hand nehmen und über das, was war und was ist, nachdenken. Und ich würde sicherlich in die Marienkirche gehen.

Schaue den Himmel
Mein Haupt und Glieder, die lagen darnieder;
Aber nun steh ich, bin munter und fröhlich,
Schaue den Himmel mit meinem Gesicht.

An diese Zeilen aus einem meiner liebsten Kirchenlieder von Paul Gerhardt denke ich inzwischen sehr gern und immer wieder. Schon im Krankenhaus war das Lied ein wichtiger Wegbegleiter für mich. Die Fröhlichkeit und Zuversicht der Zeilen begleiten mich seitdem. Zwischen zwei Terminen in Gelnhausen habe ich kurz Zeit. Meine Schritte führen mich zur Marienkirche, deren Koordinaten ich auf dem rechten Unterarm tätowiert habe. So habe ich meine Heimatstadt und den lieben Gott immer bei mir, egal wo ich bin.

Ich gehe durch das Portal, und vor mir öffnet sich der Innenraum. Wer die Marienkirche kennt, der versteht, warum sie auch Kronjuwel Gottes genannt wird. Ich schaue nach vorne, auf den Lettner, auf dem ein großes Kreuz mit Christus thront. Aber ich gehe nicht nach vorne, sondern biege vorher nach rechts ab. Dort ist der große Stein, der an die Toten des Zweiten Weltkrieges erinnert. Und dort steht auch seit nicht allzu langer Zeit ein Kerzenständer in Form eines stilisierten Dornbuschs. Unzählige Kerzen finden darauf Platz. Immer wenn man hinkommt, brennen einige. So auch heute.

Es ist noch genug Platz für meine Kerzen. Ich nehme mir sechs neue aus dem kleinen Kästchen, werfe das Geld dafür in die Spendendose, stelle die Kerzen auf und zünde sie an. Eine nach der anderen. Ohne ein bewusstes Gebet nach oben zu schicken, denke ich bei jedem Licht an ein Mitglied meiner Familie. An meine Eltern, meine Schwester und meinen Bruder. Eine Kerze ist für mich. Und die sechste ist immer für einen allgemeinen Wunsch, eine Hoffnung oder einen bestimmten Menschen.

Bei meiner Kerze halte ich inne und denke an mein eigenes Leben. Die Kerze hat einige Zeit an beiden Enden gebrannt, dann hat das Licht heftig geflackert.

Einige Momente halte ich die kleine Kerze in der Hand, bevor ich sie zu den anderen stelle und ebenfalls entzünde. Gut ein Jahr ist es heute her, dass die Notoperation durchgeführt werden musste. Dass mein Leben an einem seidenen Faden hing. Ich bin froh, noch da zu sein. Das Leben ist schön.

Als die Kerze brennt, geht mein Blick in Richtung Altar. Und ich spreche doch noch ein kurzes Gebet. Ein sehr kurzes. Ein Wort reicht: »Danke!«

Foto: © Tobias Koch

Peter Tauber, Jahrgang 1974. Historiker, Reserveoffizier, Christ – mit diesen drei Worten beschreibt er sich selbst gerne. Der gebürtige Hesse und studierte Historiker hat einen steilen politischen Aufstieg hinter sich, der erst unterbrochen wird, als ihn eine schwere Krankheit aus der Bahn wirft. Heute ist er Parlamentarischer Staatssekretär im Bundesministerium der Verteidigung.

Quellenangaben:

1 Lutherbibel, revidiert 2017, © 2016 Deutsche Bibelgesellschaft, Stuttgart
2 Golo Mann: Deutsche Geschichte des 19. und 20. Jahrhunderts. Büchergilde Gutenberg, Frankfurt a.M. 1958, Seite 191
3 Text: Klaus-Peter Hertzsch © Rechtsnachfolge Klaus-Peter Hertzsch
4 Robin Alexander: Dem Abgang von Peter Tauber haftet etwas Tragisches an. Beitrag in Welt online, abrufbar unter: https://www.welt.de/politik/deutschland/article 173719081/CDU-Generalsekretaer-Dem-Abgang-von-Peter-<<Tauber>>-haftet-etwas-Tragisches-an.html

Alle im Text enthaltenen externen Links begründen keine inhaltliche Verantwortung des Verlags, sondern sind allein von dem jeweiligen Dienstanbieter zu verantworten. Der Verlag hat die verlinkten externen Seiten zum Zeitpunkt der Buchveröffentlichung sorgfältig überprüft, mögliche Rechtsverstöße waren zum Zeitpunkt der Verlinkung nicht erkennbar. Auf spätere Veränderungen besteht keinerlei Einfluss. Eine Haftung des Verlags ist daher ausgeschlossen.

Aus Verantwortung für die Umwelt hat sich die Verlagsgruppe Droemer Knaur zu einer nachhaltigen Buchproduktion verpflichtet. Der bewusste Umgang mit unseren Ressourcen, der Schutz unseres Klimas und der Natur gehören zu unseren obersten Unternehmenszielen. Gemeinsam mit unseren Partnern und Lieferanten setzen wir uns für eine klimaneutrale Buchproduktion ein, die den Erwerb von Klimazertifikaten zur Kompensation des CO_2-Ausstoßes einschließt.
Weitere Informationen finden Sie unter: www.klimaneutralerverlag.de

Besuchen Sie uns im Internet:
www.bene-verlag.de

Originalausgabe März 2020
© 2020 bene! Verlag
Ein Imprint der Verlagsgruppe
Droemer Knaur GmbH & Co. KG, München.
Alle Rechte vorbehalten. Das Werk darf – auch teilweise – nur mit
Genehmigung des Verlags wiedergegeben werden.
Konzept & Redaktion: Nicolas Koch und Stefan Wiesner
Cover- und Innengestaltung: Maike Michel unter Verwendung eines Fotos von Tobias Koch
Druck und Bindung: GGP Media GmbH, Pößneck
ISBN 978-3-96340-112-1

5 4 3